# 連結決算の実務Q&A

優成監査法人 [編]

同文舘出版

## はしがき

　我が国において連結財務諸表制度が導入されたのは，今から38年前の昭和52年のことでした。当時は，日本企業の多角化や国際化の進展，連結経営へのシフトの流れがダイナミックに発生した時期であり，そうした企業の動向に呼応するように，日本の連結ディスクローズ制度は制度導入以来，セグメント情報の開示，関連当事者取引の開示，連結範囲の拡大，支配力基準の導入等，その充実・見直しが随時行われてきました。

　こうして制度的な熟成が図られてきた日本の連結ディスクローズ制度は，平成20年の企業結合等会計基準の改正に伴い，さらなる大幅な改正が同年になされ，集大成が図られました。すなわち，従来の連結財務諸表原則は，改正企業結合会計基準を反映して平成20年に「連結財務諸表に関する会計基準」「持分法に関する会計基準」等に整理・統合がなされました。この企業結合等会計基準の大幅改正やこれに伴う連結会計基準の整備の動きは，日本の会計基準を国際水準に高めるべく，平成19年8月に企業会計基準委員会（ASBJ）が国際会計基準審議会（IASB）との間で合意したコンバージェンス（東京合意）の内容を反映したものでありました。

　その後，平成20年改正の公表後においては，東京合意に基づき中期的に取り組むこととされた既存の差異に関連するプロジェクト項目の検討の段階に入っています。その一環として，平成21年7月に「企業結合会計の見直しに関する論点の整理」が公表，さらに平成25年1月に「連結財務諸表に関する会計基準（案）」が公表さ

れました。平成25年改正連結会計基準は、これにさらに検討を重ね、平成25年9月に公表されています。

平成25年改正連結会計基準の特徴は、これまで日本の連結財務諸表制度がよっていた基礎的な概念としての親会社説の考え方を踏襲しつつも、IFRSに代表される国際的な会計基準が採用する経済的単一体説の考え方をかなり取り入れた点にあります。この点を反映した改正点の1つとして、以下が挙げられます。

すなわち、非支配株主との取引によって生じた親会社の持分変動及び当該差額の処理について、従来は損益取引とされていたものが資本剰余金として処理することに変更されました。具体的には、従来は子会社株式を追加取得した場合はのれんを計上し、一時売却や子会社の時価発行増資等の場合は損益が計上されていましたが、平成25年改正連結会計基準では、親会社の持分変動による差額は、資本剰余金に計上されることとなりました（なお、平成25年改正内容の詳細は「序章　改正連結会計基準の概要」をご参照下さい）。

親会社説の考え方においては、非支配株主との取引は企業と企業集団外部の第三者との間の取引であると整理がされます。したがって「当該取引により生じた差額は、企業が通常行う企業外部の第三者との取引と同様に損益である」と考えます。一方、経済的単一体説の考え方においては、非支配株主との取引は企業と株主（企業集団内部の者）との間の取引であると整理がされます。したがって「当該取引は損益取引ではなく、株主との資本取引であり、当該取引から損益は発生しない」と考えます。また、平成25年改正連結会計基準においては、従来の「少数株主損益調整前当期純利益」の表示が「当期純利益」へと変更がなされました。これも、非支配株主（少数株主）も含めた利益が本来の企業集団の利益である、とする経済

的単一体説の考え方に整合するものです。

　この様に，平成25年改正連結会計基準では，従来の親会社説の考え方を踏襲しながらも経済的単一体説の考え方を部分的に取り入れたものとなっており，これによりIFRSとのコンバージェンスがかなり進展した状況となったといえます。今回の改正は，のれんの会計処理等を巡り，今後の企業のM&A活動にも影響を及ぼす可能性があり，実務上も非常に重要な改正であったといえます。なお，今後の改正の方向性としては，さらなるコンバージェンスのための検討課題として，のれんについてIFRSと同様に「非償却」とすべきかどうか，子会社に対する支配が喪失した場合の残存の投資に係る会計処理，全部のれん方式の採用の可否等が議論されている所です。

　本書においては，前半部分を基本編，後半部分を実務編として取り纏めています。特に，実務編はQ&A方式により，連結会計処理について具体的事例を用いて解説をしており，本書の肝となる部分です。とりわけ，資本連結手続については複雑なケースにまで踏み込み，実務で遭遇する様々なケースを紹介しています。平成25年改正連結会計基準での資本連結手続の変更点については，その趣旨に立ち返り，詳細な解説を試みています。

　本書の制作にあたっては，同文舘出版株式会社の市川良之氏に多大なご協力を頂きました。細かい工夫に至るまでご指導を頂き，最後までお付き合い下さった事に深く感謝致します。

　本書が，読者諸兄姉の連結財務諸表に対する理解を深めるために少しでも役立てば，非常に嬉しく存じます。

　　平成27年1月吉日

　　　　　　　　　　　　　　　執筆者代表　　加藤　善孝
　　　　　　　　　　　　　　　　　同　　　　狐塚　利光

# 目　　次

はしがき　（1）

## 第Ⅰ部　基　本　編

§1　連結財務諸表の目的●3
§2　連結財務諸表制度のわが国における法的整備状況●6
§3　連結財務諸表の作成の流れ●10
§4　親会社・子会社・関連会社の定義●13
§5　連結子会社及び持分法適用会社の範囲●17
§6　連結決算日●24
§7　連結会計方針の決定●27
§8　連結財務諸表を作成するための資料の準備●33
§9　連結決算のスケジュール●36
§10　子会社の資産及び負債の時価評価●39
§11　投資と資本の相殺消去●42
§12　非支配株主持分●44
§13　剰余金の配当●47
§14　のれんの会計処理●49
§15　債権債務及び取引高の相殺消去●52
§16　貸倒引当金の調整●57
§17　未実現損益の消去●59
§18　在外子会社の財務諸表の換算●64

§19 持分法の概要●66
§20 連結財務諸表における税効果会計●69
§21 連結納税制度の概要●74
§22 連結財務諸表の開示制度及び注記事項等●79
§23 セグメント情報等の開示●84
§24 関連当事者取引の開示●93
§25 連結包括利益計算書●98

## 第Ⅱ部 実務編

## 序章 平成25年改正連結会計基準の概要　　105

## 第1章 資本連結　　113

Q1 基本的な資本連結の会計処理●113
Q2 親会社による投資と子会社の純資産との差額●115
Q3 子会社資産及び負債時価評価における無形資産の認識●119
Q4 段階的な取得による子会社の支配獲得●122
Q5 子会社株式の追加取得●124
Q6 連結子会社株式の一部を売却（支配は継続）した場合の会計処理●127
Q7 連結子会社の増資（企業集団の持分比率が増加する場合）●130
Q8 連結子会社の増資（企業集団の持分比率が減少する場合）●133
Q9 連結子会社による自己株式取得及び売却●137

Q 10　株式の間接所有に係る会計処理●140
Q 11　債務超過会社の取扱い●144
Q 12　連結子会社による親会社株式の取得及び売却●146
Q 13　子会社株式評価損と連結上ののれん●150

## 第2章　組織再編　　155

Q 1　持分法適用会社から連結子会社となる場合の会計処理●155
Q 2　連結子会社から持分法適用会社への移行●159
Q 3　過去に追加取得や一部売却がなされた子会社株式について、さらに一部売却を行った結果、関連会社となる場合の会計処理●164
Q 4　子会社株式の売却による原価法への移行●179
Q 5　親会社が子会社を吸収合併する場合の会計処理●184
Q 6　親会社が関連会社を吸収合併する場合の会計処理●192
Q 7　子会社同士の合併の会計処理(合併対価が現金等の財産のみである場合)●197
Q 8　子会社同士の合併の会計処理(合併対価が吸収合併存続会社の株式のみである場合)●204
Q 9　連結子会社が連結外部の企業を吸収合併する場合の会計処理●213

## 第3章　資産負債・収益費用の相殺消去　　221

Q 1　債権債務残高及び取引高の不一致の原因及び会計処理●221
Q 2　手形債権債務残高の不一致の原因と会計処理●224

## 第4章　未実現損益の消去　　　　　　　　　　227

Q1　未実現損失消去の会計処理●227
Q2　企業集団外部の第三者を経由する連結会社間取引●230
Q3　有形固定資産の未実現利益の消去(減損がある場合)●233
Q4　有形固定資産の未実現利益の消去(圧縮記帳の場合)●235
Q5　連結会社間リース取引における未実現利益の消去●238
Q6　ノウハウを有償支給した場合の未実現利益の消去●242
Q7　有価証券に含まれる未実現損益の消去●245


## 第5章　持　分　法　　　　　　　　　　　　　249

Q1　持分法の適用時及び追加取得時の会計処理●249
Q2　関連会社株式を一部売却した場合(継続して持分法適用会社となる場合)●253
Q3　持分法非適用関連会社の重要性が増した場合●256
Q4　持分法適用会社による第三者割当増資●259
Q5　関連会社株式の売却による原価法への移行●262


## 第6章　税効果会計　　　　　　　　　　　　267

Q1　連結財務諸表における税効果会計の会計処理●267
Q2　連結上の税効果(子会社への投資に対して個別財務諸表上で評価減を実施した場合)●277

## 第7章　在外連結子会社　　　279

Q1　在外連結子会社の換算方法●279
Q2　在外連結子会社との取引に伴う未実現損益の消去●283
Q3　在外連結子会社持分をヘッジ対象とした場合の会計処理
　　●287

## 執筆者紹介　　　291

# 第 I 部

# 基 本 編

# §1 連結財務諸表の目的

> ◇ 連結財務諸表の目的は、子会社を含めた企業集団の財政状態及び経営成績を明らかにすることにある。

連結財務諸表に関する会計基準において、連結財務諸表の目的は次のとおり定められています。

> 連結財務諸表は、①<u>支配従属関係</u>にある2つ以上の②<u>企業</u>からなる集団(③<u>企業集団</u>)を単一の組織体とみなして、④<u>親会社</u>が⑤<u>当該企業集団の財政状態、経営成績及びキャッシュ・フローの状況を総合的に報告する</u>ために作成するものである。

≪解説≫
① 支配従属関係に該当するか否かの判断は、議決権の所有割合のみでなく、支配関係の有無を実質的に判断します(支配力基準)。(支配力基準による判定については「§4 親会社・子会社・関連会社の定義 2. 支配力基準と影響力基準」で説明します。)
② 企業とは、会社及び会社に準ずる事業体をいいます。会社に準ずる事業体として、例えば特定目的会社、投資事業組合、中間法人、海外におけるこれらに相当するものが該当します。
③ 企業集団とは、連結財務諸表提出会社及びその子会社をいいます(連結財規4条1項1号)。

④ 親会社とは,ある会社を「実質的に支配している会社」をいいます。

⑤ 親会社が作成する連結財務諸表は,次のものが含まれます。

＜金融商品取引法に基づく連結財務諸表＞

・連結貸借対照表　　・連結損益計算書*

・連結包括利益計算書*　・連結株主資本等変動計算書

・連結キャッシュ・フロー計算書

・連結附属明細表

*連結損益計算書と連結包括利益計算書を1つの計算書(連結損益及び包括利益計算書)として作成する場合もあります(1計算書方式)。

＜会社法に基づく連結計算書類＞

・連結貸借対照表　　　　　・連結損益計算書

・連結株主資本等変動計算書　　・連結注記表

　従来,我が国においては配当可能利益算定の観点から個別財務諸表が重視されてきました。しかし,近年の企業規模の拡大や多様化,国際化に伴い,子会社を含めた企業集団の経営成績や財政状態を把握することが,企業側からも投資家側からも重要となっています。一方,個別財務諸表には次のような限界が存在しており,企業集団の実態を反映するという観点からは十分ではありません。

① 親会社の個別財務諸表上,子会社株式は取得原価により評価されることから,子会社の財政状態や経営成績が親会社の個別財務諸表にタイムリーかつ正確には反映されない。

② 親会社から子会社に物品を販売し利益を得た場合,親会社の個別財務諸表上は利益が計上されることとなるが,企業集団の観点から考えると,単なる資産の移動であり利益が実現してい

るとは言えない。

　このような限界を解消し，子会社も含めた企業集団の財政状態及び経営成績を明らかとすることを目的として連結財務諸表制度は成立しました。

# §2 連結財務諸表制度のわが国における法的整備状況

> ◇ 連結財務諸表制度は,昭和 52 年 4 月以後開始する事業年度から導入された。
> ◇ 平成 20 年 12 月に「連結財務諸表に関する会計基準」が公表され,平成 22 年 4 月 1 日以後開始する事業年度から適用されている。当該基準は,現行の連結財務諸表制度における会計処理方法を規定する基本的な基準として位置づけられる。
> ◇ 近年は,会計基準のコンバージェンスに伴って基準の改正が行われている。

日本においては,連結財務諸表制度は昭和 52 年 4 月に初めて導入されました。以後,連結情報の充実や国際会計基準とのコンバージェンスを目的として,次のような改正及び新会計基準の公表が行われています。

≪連結財務諸表制度の変遷≫

昭和 50 年:「連結財務諸表の制度化に関する意見書」の公表

昭和 52 年 4 月以後開始する事業年度から連結財務諸表制度が導入されました。

> 平成9年:「連結財務諸表制度の見直しに関する意見書」の公表
> 　　　　　（「連結財務諸表原則」の改訂）

　個別情報を中心としたディスクロージャー制度から連結情報を中心とするディスクロージャー制度への転換が図られました。

＜主な改正点＞

- ▶有価証券報告書について「個別⇒連結」から「連結⇒個別」の順序での記載となった。
- ▶連結キャッシュ・フロー計算書，中間連結財務諸表制度の導入。
- ▶支配力基準及び影響力基準に基づく，実態を重視した連結範囲の決定。

> 平成20年:「連結財務諸表に関する会計基準」の公表

　平成22年4月1日以後開始する連結会計年度の期首から適用されています。

＜主な改正点＞

- ▶全面時価評価法の強制適用。
- ▶親会社の子会社に対する投資金額は，連結財務諸表上，支配獲得日における時価で評価することとした。
- ▶負ののれんについて発生時に一括収益計上するよう会計処理方法の変更がなされた。
- ▶連結損益計算書において，少数株主損益調整前当期純利益を表示することとした。

　「連結財務諸表に関する会計基準」の公表に伴い，当該基準が従来の「連結財務諸表原則」に優先して適用されることとなりました。

また，企業結合や事業分離の会計処理や注記事項について，「連結財務諸表に関する会計基準」に定めがない場合には，平成20年12月に公表された企業結合や事業分離の会計基準に従って処理することとされています。

---

平成22年：「連結財務諸表に関する会計基準」の改正

＜主な改正点＞
▶包括利益の表示が定められたことに伴い，連結包括利益計算書の作成が定められました。

---

平成23年：「連結財務諸表に関する会計基準」の改正

平成25年4月1日以後開始する連結会計年度の期首から適用されています。

＜主な改正点＞
▶従来，一定の要件を満たす特別目的会社について，「当該特別目的会社に対する出資者」及び「当該特別目的会社に資産を譲渡した企業」から独立しているものと認め，子会社には該当しなかった。しかし，平成23年の改正において当該規定から「出資者」の定めが削除され，一定の要件を満たす特別目的会社について子会社に該当しないとする取扱いができるのは，資産を譲渡した企業についてのみとなった。
▶特別目的会社のノンリコース債務は，連結貸借対照表上区分して表示するか，又は，注記することとされた。また，当該ノンリコース債務に対応する資産については，担保資産の注記に準

じて，当該資産の科目及び金額を注記することとされている。

---

平成 25 年：「連結財務諸表に関する会計基準」の改正

---

原則として，平成 27 年 4 月 1 日以後開始する連結会計年度の期首から適用されます。ただし，平成 26 年 4 月 1 日以後開始する連結会計年度の期首からの早期適用が認められています。

＜主な改正点＞

▶親会社の持分変動による差額を，資本剰余金に計上することとした（従来は当該差額をのれん又は損益として処理していた）。

▶少数株主持分を非支配株主持分に変更した。

上記改正は，IFRS において支配を喪失する結果とならない親会社持分の変動（非支配株主との取引）は資本取引とされていることに合わせた改正です。

当該改正により，IFRS と日本基準との差異が 1 つ解消されることとなります（なお，当該改正については，序章参照）。

# §3 連結財務諸表の作成の流れ

> ◇ 連結財務諸表は一般的に,事前準備(連結範囲の検討等)⇒個別財務諸表の修正(子会社資産負債の時価評価等)⇒修正後の個別財務諸表の単純合算⇒連結仕訳の作成⇒連結精算表の作成⇒連結組替表の作成⇒連結財務諸表の完成,の流れで作成される。

連結財務諸表は,基本的に以下の流れで作成されます。なお,各項目の詳細な説明は〔 〕内に記載されている参照頁に記載しています。

### Step 1. 事前準備
事前準備として,以下の事項を決定しておく必要があります。
▶ 連結の範囲(連結子会社及び持分法適用会社)の決定〔17頁参照〕
▶ 連結決算日の決定〔24頁参照〕
▶ 連結会計方針(会計処理の原則及び手続の統一)の決定〔27頁参照〕
▶ 連結資料(連結パッケージ等)の準備〔33頁参照〕

### Step 2. 個別財務諸表の修正
▶ 子会社の資産・負債の時価評価〔39頁参照〕
▶ 在外子会社の換算〔64頁参照〕
▶ 決算日が異なる子会社がある場合の,重要な取引の調整〔25頁参照〕
▶ その他,個別財務諸表の修正

## Step 3. 単純合算

親会社と子会社の修正後の個別財務諸表を単純合算します。

## Step 4. 連結仕訳の作成

連結財務諸表の作成にあたっては，次のような連結仕訳を作成する必要があります。
- ▶資本連結(投資と資本の相殺消去)〔42頁参照〕
- ▶子会社剰余金の処分に係る調整〔47頁参照〕
- ▶のれんの償却及び減損〔49頁参照〕
- ▶資産負債・収益費用の相殺消去〔52頁参照〕
- ▶貸倒引当金の調整〔57頁参照〕
- ▶未実現利益の消去〔59頁参照〕
- ▶持分法の適用〔66頁参照〕
- ▶税効果会計〔69頁参照〕

## Step 5. 連結精算表の作成

Step 3.で作成した単純合算に，Step 4.で作成した連結仕訳を加味することで，連結精算表を作成します。

## Step 6. 連結組替表の作成

連結財務諸表規則等の開示規定に基づいて，開示科目の組替を行います。

## 図表 3-1 連結財務諸表の作成の流れ

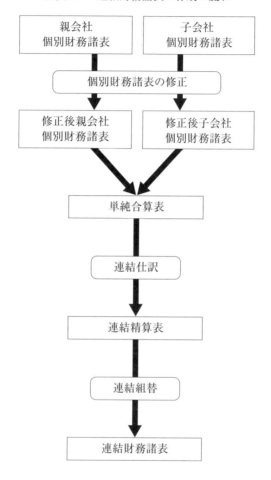

# §4 親会社・子会社・関連会社の定義

> ◇ ある企業により,意思決定機関を支配されている企業を子会社とする(支配力基準)。
> ◇ ある企業により,子会社以外の他の企業の財務及び営業又は事業の方針の決定に対して,重要な影響を与えることができる場合における当該子会社以外の他の企業を関連会社とする(影響力基準)。

## 1. 親会社・子会社・関連会社の定義

連結財務諸表に関する会計基準,及び持分法に関する会計基準において,「親会社」「子会社」「関連会社」をそれぞれ次のとおり定義しています。

### ① 親会社・子会社

「親会社」とは,他の会社等(会社,組合その他これらに準ずる事業体(外国におけるこれらに相当するものを含む)をいう)の財務及び営業又は事業の方針を決定する機関(株主総会その他これに準ずる機関をいう。以下「意思決定機関」という)を支配している会社をいい,「子会社」とは当該他の会社等をいう。親会社及び子会社又は子会社が,他の会社等の意思決定機関を支配している場合における当該他の会社等も,その親会社の子会社とみなす。

### ② 関連会社

企業（当該会社が子会社を有する場合には，当該子会社を含む）が，出資，人事，資金，技術，取引等の関係を通じて，子会社以外の他の会社等の財務及び営業又は事業の方針の決定に対して重要な影響を与えることができる場合における当該子会社以外の他の会社等をいう。

## 2. 支配力基準と影響力基準

わが国の会計基準において，子会社の範囲に含まれるか否かの判断は支配力基準によって行うものとされており，単に過半数以上の議決権を所有しているか否かの形式的な要件ではなく，他の会社等の意思決定機関を支配しているかについて実質的に判断することが求められています（「基準22号」7項）。

同様に，関連会社の範囲についても，影響力基準により子会社以外の他の会社等の財務及び営業又は事業の方針の決定に対して重要な影響を与えることができるかを，実質的に判断することが必要となります（「基準16号」5-2項）。

どのような場合に，「他の会社等を支配している場合」あるいは「子会社以外の他の会社等の財務及び営業又は事業の方針の決定に対して重要な影響を与えることができる場合」に該当するかについては，それぞれ，財務諸表等規則第8条4項及び6項で定められており，まとめると図表4-1，図表4-2のとおりとなります。

§4 親会社・子会社・関連会社の定義　15

### 図表 4-1　子会社の範囲：他の会社等の意思決定機関を支配している場合

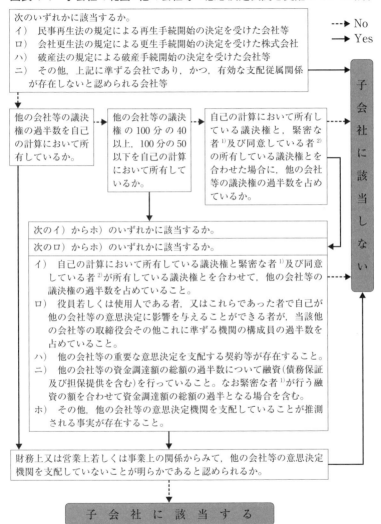

注1) 自己と出資，人事，資金，技術，取引等において緊密な関係があることにより，自己の意思と同一の内容の議決権を行使すると認められる者をいう。
2) 自己の意思と同一の内容の議決権を行使することに同意している者をいう。

## 図表 4-2 関連会社の範囲：子会社以外の他の会社等の財務及び営業又は事業の方針の決定に重要な影響を与えることができる場合

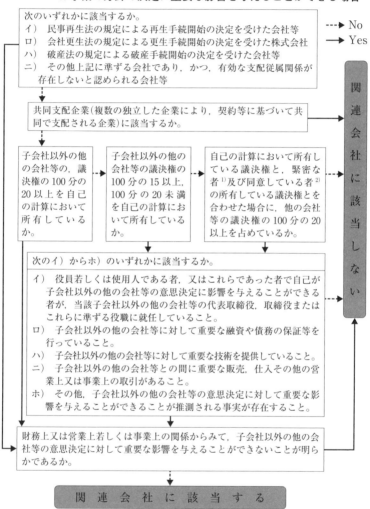

注1) 自己と出資，人事，資金，技術，取引等において緊密な関係があることにより，自己の意思と同一の内容の議決権を行使すると認められる者をいう。
注2) 自己の意思と同一の内容の議決権を行使することに同意している者をいう。

# §5 連結子会社及び持分法適用会社の範囲

> ◇ 親会社は，原則としてすべての子会社を連結の範囲に含める。
> ◇ ただし，次の子会社は連結の範囲に含めない。
> ▶ 支配が一時的であると認められる企業
> ▶ 連結することにより，利害関係者の判断を著しく誤らせるおそれのある企業
> ◇ 重要性が乏しい小規模子会社は，連結の範囲から除外することができる。
> ◇ 非連結子会社及び関連会社に対する投資については，原則として持分法を適用する。
> ◇ ただし，以下の非連結子会社又は関連会社は，持分法適用の範囲に含めない。
> ▶ 財務及び営業又は事業の方針の決定に対する影響が一時的であると認められる関連会社
> ▶ 持分法を適用することにより，利害関係者の判断を著しく誤らせるおそれのある非連結子会社及び関連会社
> ◇ 持分法の適用範囲から除いても，連結財務諸表に重要な影響を与えない非連結子会社及び関連会社は，持分法の適用範囲から除外することができる。

　親会社は，原則としてすべての子会社を連結の範囲に含めることが必要となります（「基準22号」13項）。また，非連結子会社及び関連会社に対する投資については，原則として持分法を適用します

(「基準16号」6項)。

しかし，支配や財務及び営業又は事業の方針の決定に対する影響が一時的であると認められる場合や，また，連結や持分法適用範囲とすることにより利害関係者の判断を著しく誤らせるおそれのある子会社等については，連結や持分法適用の範囲から除外することとなるため，留意が必要です。

## 1. 連結の範囲から除外される子会社

連結財務諸表に関する会計基準では，以下に該当する子会社について連結の範囲から除外すると定めています。

### ① 支配が一時的であると認められる子会社

当連結会計年度において支配に該当しているものの，直前連結会計年度において支配に該当しておらず，かつ，翌連結会計年度以降相当の期間にわたって支配に該当しないことが確実に予想される場合をいいます。

例えば，当連結会計年度末において所有する議決権が100分の50以上となっている場合に，直前連結会計年度末においては所有する議決権が100分の50以下で支配に該当しておらず，かつ，翌連結会計年度以降その所有する議決権が相当の期間にわたって100分の50以下となり支配に該当しないことが確実に予想される場合には，支配が一時的であると認められます。なお，議決権以外の支配要件の一時的充足についても同様に取り扱います。

### ② ①以外の企業であって，連結することにより利害関係者の判

断を著しく誤らせるおそれのある企業

　連結財務諸表における子会社及び関連会社の範囲の決定に関する適用指針においては上記②に該当する場合の具体例として，以下の場合が挙げられています。

　▶子会社が匿名組合の営業者となり，当該匿名組合の事業を含む子会社の損益のほとんどすべてが匿名組合員に帰属し，当該子会社及びその親会社には形式的にも実質的にも帰属せず，かつ，当該子会社と連結グループとの取引がほとんどない場合。

## 2. 連結の範囲から除外することができる子会社

### 重要性が乏しい小規模子会社

　子会社であっても資産総額や売上高等を考慮し，連結の範囲から除いても企業集団の財政状態，経営成績及びキャッシュ・フローの状況に関する合理的な判断を妨げない程度に重要性の乏しい小規模子会社は連結の範囲から除外する事が可能です。

　小規模子会社に該当するか否かの判断は，企業集団における個々の子会社の特性と，以下4項目（資産，売上高，利益，利益剰余金）に与える影響をもって判断する必要があります（監査・保証実務委員会実務指針第52号「連結の範囲及び持分法の適用範囲に関する重要性の原則の適用等に係る監査上の取扱い」）。

　a）　資産基準

$$\frac{\text{非連結子会社の総資産額の合計額}}{\text{連結親会社の総資産額}+\text{連結子会社の総資産額}}$$

b) 売上高基準

$$\frac{\text{非連結子会社の売上高の合計額}}{\text{連結親会社の売上高}+\text{連結子会社の売上高}}$$

c) 利益基準

$$\frac{\text{非連結子会社の当期純損益(持分相当額)}}{\text{連結親会社の当期純損益}+\text{連結子会社の当期純損益(持分相当額)}}$$

d) 利益剰余金基準

$$\frac{\text{非連結子会社の利益剰余金(持分相当額)}}{\text{連結親会社の利益剰余金}+\text{連結子会社の利益剰余金(持分相当額)}}$$

<留意事項>

▶上記①②に該当する事により連結の対象としなかった非連結子会社については、上記の算式に含めません。

▶基準値の算定においては、連結会社間債権債務及び取引高、連結会社間取引により生じた未実現損益を消去した後の金額を使用します。

▶基準値の算定においては、連結決算日における貸借対照表及び損益計算書の数値を使用します。ただし、子会社の決算日と連結決算日の差異が3カ月を越えない場合には、子会社の決算日における貸借対照表及び損益計算書の数値を使用することが可能です。

▶事業の特質等によって、当期純利益の金額が事業年度毎に著しく変動する場合には、利益基準の判定において直近5年間の平均を用いる等の方法を採用することができます。

▶小規模子会社に該当するか否かは、連結財務諸表に与える影響を考慮して個別に判断するべきであり画一的な数値基準を示す

ことは困難ですが,わが国では「3%ないし5%」が,一般的な実務上の目安となっています。これは,監査委員会実務指針第52号「連結の範囲及び持分法の適用範囲に関する重要性の原則の適用等に係る監査上の取扱い」において参考数値として記載されていたものであり,平成14年7月3日の改正において削除されてはいますが,現在においても広く実務に定着した判断基準となっています。

▶下記の場合には原則として非連結子会社とすることはできません。
a) 連結グループの中・長期の経営戦略上の重要な子会社
b) 親会社の一業務部門,例えば製造,販売,流通,財務等の業務の全部又は重要な一部を実質的に担っていると考えられる子会社
c) セグメント情報の開示に重要な影響を与える子会社
d) 多額の含み損失や発生可能性が高い重要な偶発事象を有している子会社

## 3. 持分法の適用範囲から除外される非連結子会社及び関連会社

持分法に関する会計基準では,以下に該当する関連会社及び非連結子会社について,持分法の適用範囲から除外すると定めています。

### ① 財務及び営業又は事業の方針の決定に対する影響が一時的であると認められる関連会社

当連結会計年度において財務及び営業又は事業の方針の決定に対

して重要な影響を与えているものの,直前連結会計年度において重要な影響を与えておらず,かつ,翌連結会計年度以降相当の期間にわたって重要な影響を与えないことが確実に予想されている場合をいいます。

② 持分法を適用することにより,利害関係者の判断を著しく誤らせるおそれのある非連結子会社及び関連会社

実務上,上記②に該当することを理由として,非連結子会社及び関連会社が持分法の適用範囲から除外されることは一般的には稀であると考えられます。

## 4. 持分法の適用範囲から除外することができる非連結子会社及び関連会社

**持分法の適用範囲から除いても,連結財務諸表に重要な影響を与えない非連結子会社及び関連会社**

持分法の適用範囲から除いても連結財務諸表に重要な影響を与えない非連結子会社及び関連会社に該当するか否かの判断は,企業集団における個々の非連結子会社及び関連会社の特性と,少なくとも以下2項目(利益,利益剰余金)に与える影響をもって判断する必要があります(監査・保証実務委員会実務指針第52号「連結の範囲及び持分法の適用範囲に関する重要性の原則の適用等に係る監査上の取扱い」)。

a) 利益基準

$$\frac{\text{持分法非適用の非連結子会社及び関連会社の当期純損益(持分相当額)}}{\text{連結親会社の当期純損益+連結子会社の当期純損益(持分相当額)}\\+\text{持分法適用の非連結子会社及び関連会社の当期純損益(持分相当額)}}$$

## §5 連結子会社及び持分法適用会社の範囲

b) 利益剰余金基準

$$\frac{\text{持分法非適用の非連結子会社及び関連会社の利益剰余金（持分相当額）}}{\text{連結親会社の利益剰余金＋連結子会社の利益剰余金（持分相当額）}\atop\text{＋持分法適用の非連結子会社及び関連会社の利益剰余金（持分相当額）}}$$

＜留意事項＞

▶上記①②に該当することにより持分法適用の範囲としなかった非連結子会社及び関連会社は，上記算式に含めません。

▶基準値の算定においては，連結子会社，非連結子会社及び関連会社間の取引により生じた未実現損益を消去した後の金額を使用します。

▶基準値の算定においては，連結決算日における貸借対照表及び損益計算書の数値を使用します。ただし，連結子会社の決算日と連結決算日の差異が3カ月を越えない場合には，子会社の決算日における貸借対照表及び損益計算書の数値を使用することが可能です。また，非連結子会社及び関連会社については，決算日が連結決算日と異なる場合であっても，連結決算日の直近の決算日における貸借対照表及び損益計算書の数値を使用することとなります。

▶事業の特質等によって，当期純利益の金額が事業年度毎に著しく変動する場合，利益基準の判定において直近5年間の平均を用いる等の方法を採用することができます。

▶連結財務諸表に重要な影響を与えるか否かは，個別に判断すべきであり画一的な数値基準を示すことは困難ですが，小規模子会社の判定の場合と同様，わが国では「3%ないし5%」が一般的な実務上の目安となっています。

# §6 連結決算日

> ◇ 連結会計期間は1年間とし，親会社の決算日を連結決算日とする。
> ◇ 連結決算日と子会社の決算日が異なる場合には，連結決算日に子会社の仮決算を行う必要がある。
> ◇ ただし，子会社の決算日が連結決算日の前3カ月以内である場合には，差異期間に発生した重要な取引の調整を行った上で，子会社の本決算を基礎として連結財務諸表を作成することができる。

連結財務諸表に関する会計基準では，連結会計期間を1年間とし，連結決算日は親会社の決算日とすると定めています（「基準22号」15項）。

連結決算日と子会社の決算日が異なる場合の処理としては，次の3つの場合が考えられます。

#### ① グループ会社の決算日を統一する。

連結決算日における財政状態及び連結会計期間の経営成績の適切な開示という観点からは，子会社の決算日を連結決算日（親会社の決算日）と統一することが望ましいといえます。ただし，海外子会社のように連結資料の作成や入手に時間を要することが想定される場合には，子会社の決算日を連結決算日より前に設定することが有用となる場合もありますので，留意が必要です。

## ② 連結決算日に決算日が異なる子会社の仮決算を行う。

仮決算を行う場合，棚卸資産の実施棚卸の省略，直近の決算と同様の方法による減価償却計算等の簡便的な処理を行うことができますが，簡便的な処理ができるのは連結上の重要性が乏しい場合に限られます。

## ③ 子会社の決算日が連結決算日の前3カ月以内の場合には，子会社の本決算を基礎として連結財務諸表を作成する。

この場合，連結決算日と子会社の決算日との間に重要な取引が生じている場合には，調整を行う必要があります。

ただし，差異が3カ月以内であっても，規模や利益額からみて連結全体に占める割合が大きい重要な子会社については，子会社の本決算を基礎とした連結財務諸表の作成は適切ではないと考えられます。例えば，連結規模の50％を占める様な重要な子会社の決算日が連結決算日と異なる場合に，差異が3カ月以内であることを理由に子会社の本決算を基礎として連結財務諸表を作成すると，作成された連結財務諸表の大部分が子会社の決算日における情報で構成されることとなってしまい，連結決算日における企業集団の財政状態及び経営成績を適切に開示しているとはいえないと考えられます。

3カ月という形式的な基準にとらわれず，結果として開示される連結財務諸表が企業集団の連結決算日の財政状態及び連結会計期間の経営成績を適切に表示することになるかの検討が必要と考えられます。

なお，持分法適用会社については連結財務諸表の決算日と異なる場合であっても，直近の財務諸表を使用することとされており，仮決算や3カ月ルールの規定はありません（「基準16号」10項）。ただ

し，連結決算日と持分法適用会社の決算日との差異期間において生じた重要な取引又は事象について，持分法適用会社の財務諸表の修正又は注記を行います。

**図表6-1 連結決算日ルール**

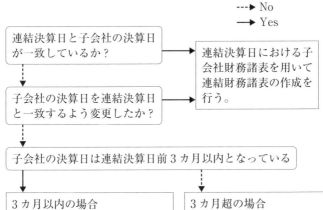

# §7 連結会計方針の決定

> ◇ 連結財務諸表は,一般に公正妥当と認められる企業会計の基準に準拠して作成した個別財務諸表を基礎として作成する。親会社及び子会社の個別財務諸表が,一般に公正妥当と認められる会計処理の原則及び手続に準拠していない場合には,個別財務諸表を修正する。
> ◇ 同一環境下で行われた同一の性質の取引等について,親会社及び子会社が採用する会計方針は原則として統一する。
> ◇ 在外子会社の財務諸表が,国際会計基準又は米国基準に準拠して作成されている場合には,当該基準で作成された在外子会社の財務諸表を連結決算に利用することができる。ただし,一定の項目(のれんの償却等)については,重要性が乏しい場合を除き調整を行う必要がある。
> ◇ 持分法適用会社の財務諸表についても,採用する会計処理の原則及び手続は原則として統一する必要がある。

連結会計方針の決定にあたっては,一般に公正妥当と認められる会計方針の中から,企業集団の財政状態及び経営成績を最も合理的に表示する処理を採用します。また,連結財務諸表は企業集団に属する親会社及び子会社が,一般に公正妥当と認められる企業会計の基準に準拠して作成した個別財務諸表を基礎として作成されるものであり(「基準22号」10項),親会社及び子会社の財務諸表が,一般に公正妥当と認められる会計方針に準拠していない場合には,当然

に個別財務諸表の修正が必要となります。

では，親会社と子会社・関連会社の個別財務諸表で採用している会計方針が異なる場合にはどのような処理を行えばよいのでしょうか。以下，3つの場合に分けて考えていきます。

## 1. 親会社と子会社で採用する会計方針が異なる場合

連結財務諸表に関する会計基準においては，会計方針について次のとおり定めています。

> 17. ①同一環境下で行われた同一の性質の取引等について，親会社及び子会社が採用する②会計方針は，③原則として④統一する。

≪解説≫

① 「同一環境下で行われた同一の性質の取引等」の判断基準

基準上,「同一環境下で行われた同一の性質の取引等」の定義は明確になっていませんが，監査・保証実務委員会実務指針第56号（親子会社間の会計処理の統一に関する当面の監査上の取扱い）において，次のような識別方法が記載されています。

　　a) 営業目的に直接関連する取引については，同じ事業別セグメントに分類される取引を同一環境下で行われた同一の性質の取引等として識別します。また，同じ事業別セグメントの単位に含まれる取引であっても，製造・販売の機能等の違いにより適当なグループに区分し，当該グループを同一環境下で行われた同一の性質の取引等として識別することもできます。

b) 営業目的に直接関連しない取引について取引の目的等の区分により同一環境下で行われた同一の性質の取引等を識別します。

c) 引当金については，事業別セグメントや取引の目的に直接関連しないと考えられるため，各連結子会社の個別の状況を踏まえた上で，企業集団全体として判断することとなります。

② 必ずしも統一を必要としない「会計方針」

次の項目については，事務処理の経済性を考慮し必ずしも会計方針の統一を要しないとされています。

a) 棚卸資産及び有価証券の評価方法
b) 有形固定資産及び無形固定資産の減価償却方法

③ 会計方針の統一の例外事例

会計方針の統一は「原則として」求められているものであり，次の場合には例外的に統一の必要はありません。

a) 合理的な理由がある場合

例えば，子会社が上場会社であり独自の会計方針を採用している等の合理的な理由がある場合には，統一の必要はありません。

b) 重要性が乏しい場合

連結財務諸表に与える影響の観点から，重要性が乏しい会計処理の原則及び手続については統一する必要はありません。重要性が乏しいか否かの判断は，連結財務諸表の当期純利益や総資産額，売上高等の連結数値に与える影響により判断することとなります。

④ 「統一」の方法

会計方針の統一方法としては，子会社の会計処理を親会社に統一

させる方法の他，親会社の会計処理を子会社に統一することも可能です。

## 2．在外子会社の場合

在外子会社についても国内子会社と同様，同一環境下で行われた同一の性質の取引等について，採用する会計方針を原則として統一しなければなりません。

しかし，在外子会社の財務諸表が所在地国の会計基準に準拠して作成されている場合，会計処理の統一は実務上大きな負担となります。

また，国際財務報告基準（以下，「IFRS」という）とのコンバージェンスにより，日本基準とIFRS及び米国会計基準との相違は縮小傾向にあり，IFRSや米国会計基準に基づいて作成した財務諸表を利用して連結財務諸表を作成したとしても，企業集団の財政状態及び経営成績の適切な表示を大きく損なうことはないと考えられます。

これらの状況を踏まえ，実務対応報告第18号「連結財務諸表作成における在外子会社の会計処理に関する当面の取扱い」では，在外子会社の財務諸表がIFRS又は米国会計基準に準拠して作成されている場合には，当面の間，それらを連結決算手続上利用することができるとし，会計方針の統一を求めていません。

ただし，日本基準とIFRS及び米国会計基準との間で会計処理方法が大きく乖離することが想定される次の項目については，重要性が乏しい場合を除き，連結決算手続において在外子会社の会計処理を修正しなければなりません。

① のれんの償却

在外子会社にかかるのれんは，連結上でその計上後20年以内の効果の及ぶ期間にわたって，定額法その他の合理的な方法により規則的に償却する。

② 退職給付会計における数理計算上の差異の費用処理

在外子会社において，退職給付会計における数理計算上の差異を純資産の部に計上している場合には，連結上で当該金額を平均残存勤務期間以内の一定の年数で規則的に償却する。

③ 研究開発費の支出時費用処理

④ 投資不動産の時価評価及び固定資産の再評価

在外子会社において，投資不動産を時価評価又は固定資産を再評価している場合には，連結上で取得価額を基礎として会計処理をした場合と同様になるよう修正を行う。

⑤ 非支配株主損益の会計処理

## 3. 持分法適用会社の場合

持分法適用会社についても，同一環境下で行われた同一の性質の取引等について，親会社及び子会社と持分法適用会社で採用する会計処理の原則及び手続を，原則として統一しなければなりません（「基準16号」9項）。

ただし，例えば次のような合理的な理由がある場合には，会計処理の原則及び手続の統一を行わないことが許容されると考えられます。

① 持分法適用会社に他の支配株主が存在し，会計処理を統一するための情報を得ることが極めて困難な場合

② 上場会社の株式を関連会社株式として取得した場合で，会計処理を統一するための情報を得ることが極めて困難な場合。

# §8　連結財務諸表を作成するための資料の準備

> ◇ 決算の早期化に対応するためには，必要となる連結資料をいかに早く子会社から入手できるかが重要となる。
> ◇ 子会社や関連会社からの連結資料の入手を，より早くかつ正確に行うためには，連結財務諸表の作成に必要となる連結資料の内容及び書式を統一化した雛形（連結パッケージ）をあらかじめ作成し，子会社に配布し記載方法等を周知することが有用である。

　連結財務諸表を作成するためには，子会社から個別財務諸表のみならず連結範囲の決定や連結仕訳，注記情報等を作成するための多くの情報を入手する必要があります。また，有価証券報告書は決算日後3カ月以内（四半期報告書については四半期決算日後45日以内）での提出が求められており，決算の早期化が求められます。このような状況の中，連結財務諸表の作成を正確にかつ早期に完了するためには，子会社から必要となる情報をいかに早く入手するかが重要となっています。

　子会社からより早く必要な情報を入手するためには，連結財務諸表の作成に必要となる連結資料の内容及び書式を統一化した雛形（以下，「連結パッケージ」という）をあらかじめ作成し，記載方法や形式について子会社へ周知しておくことが有用であると考えられます。

連結パッケージを作成する際の留意点は，下記のとおりです。

① 情報の網羅性

連結パッケージには，連結財務諸表を作成するための情報や注記情報，その他の有価証券報告書の記載事項に関する情報に至るまで，必要となる情報が網羅的に含まれている必要があります。

② 連結パッケージの見直し

基準の改正や新基準の導入に伴い，連結パッケージの記載内容についても適時見直しを行い，必要に応じて連結パッケージの記載内容の修正や追加を行う必要があります。

③ 子会社への周知徹底

連結パッケージを利用するにあたっては，決算前に説明会等を実施することで記載方法や形式等を連結グループ内に周知しておく必要があります。また，作成担当者や提出期限，提出先等を明らかにすることで，期限までに確実に提出されるような工夫を行う必要があります。

## ―連結パッケージに含める情報の例―

> ▶連結財務諸表に関する情報
> ✔貸借対照表，損益計算書，株主資本等変動計算書
> ✔会計処理方法のサマリ
> ✔重要な後発事象の情報
> ✔貸付金，借入金・社債の増減明細
> ✔有形固定資産の購入，除却，売却の明細
> ✔有価証券の増減明細
> ✔引当金の増減明細

- ✔資本の増減明細
- ✔偶発債務，債務保証に関する情報
- ✔内部取引に関する情報
  - ・グループ会社間債権債務の明細
  - ・グループ会社間取引高の明細
  - ・未実現利益の明細（棚卸資産，固定資産）
- ✔連結キャッシュ・フロー計算書の作成に関する情報
▶注記に関する情報
- ✔セグメントに関する情報
- ✔リース取引に関する情報
- ✔税効果会計に関する情報
- ✔金融商品会計に関する情報
- ✔デリバティブ取引に関する情報
- ✔関連当事者取引に関する情報
▶その他，有価証券報告書における開示に関する情報
- ✔売上先・仕入先上位の情報
- ✔受注金額，受注残高に関する情報
- ✔設備投資に関する情報
- ✔従業員数に関する情報

# §9　連結決算のスケジュール

◇ 連結決算を行うにあたっては，事前準備から開示書類の作成，公認会計士等による監査，提出に至るまでの連結決算スケジュールを作成し，当該スケジュールに基づいて連結決算を進めていくことが望ましい。
◇ 現行の開示制度として以下3種類が存在しており，それぞれの開示書類について異なる提出期限が定められている。
▶ 金融商品取引法に基づく連結財務諸表の開示（有価証券報告書，半期報告書，四半期報告書）
▶ 証券取引所等の規定に基づく決算短信の開示
▶ 会社法に基づく連結計算書類の開示

　現行の開示制度として，金融商品取引法に基づく連結財務諸表の開示（有価証券報告書，半期報告書，四半期報告書），証券取引所等の規定（適時開示ルール）に基づく決算短信の開示，会社法に基づく連結計算書類の開示の3種類が存在しており，企業は作成義務がある場合には，上記のそれぞれについて開示書類を作成することが求められます。
　また，いずれの開示書類についても提出期限の定めがあり，まとめると下記のとおりとなります。

## §9 連結決算のスケジュール

| 開示書類 | 提出(開示)期限 |
|---|---|
| 決算短信(四半期) | 遅くとも四半期報告書の提出までには開示することが必要とされる。 |
| 決算短信(年度) | 遅くとも期末日後45日以内の開示が適当とされており,期末日後30日以内(期末が月末である場合には翌月内)での開示がより望ましいとされる。 |
| 連結計算書類 | 定時株主総会招集通知に添付され,株主に提供される。<br>なお,定時株主総会招集通知への添付は①取締役の計算書類等の提出→②会計監査報告の通知→③監査役監査報告の通知→④取締役会による計算書類の承認→⑤株主総会招集通知の発送の手続を経て行うことが必要であり,一部についてはそれぞれ個別に期限の定めがなされているため留意が必要となる。 |
| 有価証券報告書 | 期末決算日後3カ月以内 |
| 半期報告書 | 中間決算日後3カ月以内 |
| 四半期報告書 | 四半期決算日後45日以内 |

　連結決算にあたっては,開示書類の作成・提出に加えて,一部の開示書類について公認会計士等による監査が必要とされます。従って,期限までに確実に各種開示書類の提出を完了するためには,決算前の事前準備から,提出時期や形式が異なる各種開示書類の作成,公認会計士等による監査,提出に至るまでのスケジュール(連結決算スケジュール)を策定し,当該スケジュールに則った連結決算の進行が必要となります。

　近年においては決算の早期化が求められており,より早い時期に適切な開示書類を公表することが望ましいと考えられます。決算の早期化に対応するためにも,事前に連結決算スケジュールを策定することで全体的な作業内容や作業日数を見積もり,スケジュールに則った決算を実行するための社内体制を構築することが必要となり

ます。

参考までに,一般的な会社の連結スケジュールを図示すると,図表9-1のとおりとなります。

### 図表9-1　有価証券報告書の提出までの一般的なスケジュール
　　　　　－3月決算会社の場合－

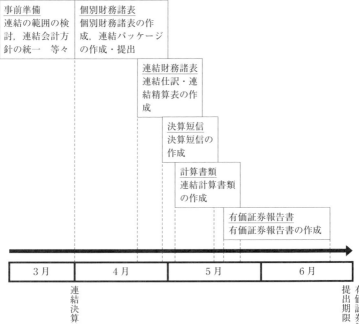

# §10　子会社の資産及び負債の時価評価

---

◇連結財務諸表の作成にあたっては，子会社の資産及び負債のすべてを支配獲得日の時価により評価する（全面時価評価法）。
◇子会社の資産及び負債の時価評価により生じた評価損益は，「評価差額」の科目で子会社の資本に計上する。
◇評価差額の認識にあたっては，税効果を考慮する。

---

連結財務諸表の作成にあたっては，子会社の資産及び負債を時価で評価することが必要となります。連結財務諸表に関する会計基準においては，子会社の資産及び負債の時価評価について次のとおり定めています。

20. 連結貸借対照表の作成にあたっては，①<u>支配獲得日</u>において，②<u>子会社の資産及び負債のすべてを支配獲得日の</u>③<u>時価</u>により評価する方法（④<u>全面時価評価法</u>）により⑤<u>評価する</u>。
21. 子会社の資産及び負債の時価による評価額と当該資産及び負債の個別貸借対照表上の金額との差額（以下「⑥<u>評価差額</u>」という。）は，⑦<u>子会社の資本</u>とする。

≪解説≫
① 　子会社株式を，子会社の決算日以外の日に取得した場合には，前後いずれかの子会社の決算日に子会社株式を取得したものと

みなして処理することができます（みなし取得日）。なお、この場合の子会社の決算日には、中間決算日及び四半期決算日が含まれる点に留意が必要です。

② 時価評価の対象となる子会社の資産及び負債は、子会社の財務諸表に計上されている資産及び負債に限りません。分離して譲渡することが可能な法律上の権利や取得後に発生することが予測される特定の費用又は損失であって、その発生の可能性が取得対価の算定に反映されている場合には、子会社の資産又は負債として認識することが必要となります。

③ 時価は、原則として市場価額等に基づく評価額とします。ただし、支配獲得時に売買契約等が締結されており、合意された金額が存在する場合で、かつ、その金額が合理的であると認められる場合には、当該金額を時価とすることが可能です。

④ 評価差額に重要性が乏しい子会社の資産及び負債については、子会社の貸借対照表上の金額によることができます。なお、この場合の重要性は、子会社の財務諸表の項目毎に判断します。

⑤ 全面時価評価法では、子会社のすべての資産及び負債を支配獲得日の時価で評価することとなるため、以下の点に留意が必要です。

▶支配獲得日までに子会社株式を段階的に取得していた場合であっても、子会社の資産及び負債の評価は、子会社株式の取得時点ではなく、支配獲得日における時価により評価します。

▶支配獲得日後に、子会社株式の追加取得を行った場合であっても、追加取得日の時価による子会社の資産及び負債の再評価は行わない。

⑥ 時価評価により生じた評価差額は子会社の資本として計上さ

れますが，その後，投資と資本の相殺消去において消去又は非支配株主持分に振替えることとなりますので，連結財務諸表に残存することはありません。

⑦　時価評価により生じた評価差額が一時差異に該当する場合には，税効果を認識します。また，評価差額の対象となった子会社の資産及び負債について，売却や償却，除却等により帳簿価額の減少が生じた場合には，対応する評価差額についても調整を行うことが必要となります。

# §11 投資と資本の相殺消去

◇ 連結財務諸表の作成にあたっては,親会社の子会社に対する投資と,これに対応する子会社の資本を相殺消去する。
◇ 相殺消去により差額が生じた場合には,のれん(借方差額)又は負ののれん(貸方差額)として処理する。
◇ 相殺消去の対象となる親会社の子会社に対する投資金額は,支配獲得日の時価により評価することとなる。

　連結財務諸表は,親会社及び子会社の個別財務諸表を合算した単純合算財務諸表を基礎として,これに連結仕訳を加味することで作成します。単純合算財務諸表(貸借対照表)では,親会社の子会社に対する投資である子会社株式が資産として計上される一方,親会社からの払込資本である子会社の資本が純資産として計上されることとなります。しかし,親会社の子会社に対する投資は企業集団内で行われた内部取引であり,グループ内での単なる資金移動にすぎないため,企業集団の財政状態及び経営成績を明らかにするという連結財務諸表の目的の達成のためには,単純合算財務諸表(貸借対照表)から当該内部取引による影響を除去する必要があります。

　そこで必要とされる連結仕訳が,親会社の子会社に対する投資と子会社の資本の相殺消去仕訳であり,連結財務諸表に関する会計基準においては,投資と資本の相殺消去について,次のとおり定めて

います。

> 23. 親会社の子会社に対する投資とこれに対応する子会社の資本は，相殺消去する。
> 　(1)　親会社の子会社に対する投資の金額は，支配獲得日の①時価による。
> 　(2)　子会社の資本は，②子会社の個別貸借対照表上の純資産の部における株主資本及び評価・換算差額等と評価差額からなる。
> 24. 親会社の子会社に対する投資とこれに対応する子会社の資本との相殺消去にあたり，差額が生じる場合には，当該差額をのれん（又は負ののれん）とする。なお，のれん（又は負ののれん）は，企業結合会計基準第32項（又は第33項）に従って会計処理する。

≪解説≫

① 時価は，子会社株式の取得の対価が現金である場合には，親会社が子会社株式を取得するために支出した現金支出額となります。

② 相殺消去の対象となる子会社の資本の範囲には，新株予約権は含まれません。

# §12 非支配株主持分

> ◇ 非支配株主（子会社の株主のうち，連結グループ外の株主）が存在する場合には，連結財務諸表において非支配株主持分を認識することとなる。
> ◇ 非支配株主持分は連結貸借対照表上，純資産の部に計上される。
> ◇ 支配獲得日において非支配株主が存在する場合，子会社の資本を親会社と非支配株主の持分割合で按分し，非支配株主に帰属する部分については非支配株主持分として処理する。

　連結財務諸表の作成にあたって，子会社の株主に企業集団の外部者である非支配株主が含まれることがあります。例えば，親会社の子会社株式の保有割合が60%であり，残りの40%については，支配従属関係のない企業集団の外部者である非支配株主が所有している場合です。

　このような場合，企業集団の財政状態及び経営成績を表示することを目的として作成される連結財務諸表においては，企業集団の外部者である非支配株主に帰属する子会社の資本や利益について，親会社に帰属する資本や利益とは区分して表示する必要があります。

　連結財務諸表に関する会計基準では，非支配株主に帰属する非支配株主持分についての取扱いを次のとおり定めています。

26. 子会社の資本のうち，親会社に帰属しない部分は①非支配株主持分とする。

(注7) 非支配株主持分について

(1) 支配獲得日の子会社の資本は，親会社に帰属する部分と③非支配株主に帰属する部分とに分け，前者は親会社の投資と相殺消去し，後者は非支配株主持分として処理する。

(2) ②支配獲得日後に生じた子会社の利益剰余金及び評価・換算差額等のうち③非支配株主に帰属する部分は，非支配株主持分として処理する。

## ≪解説≫

① 非支配株主持分は，連結貸借対照表上，純資産の部に表示されます。

② 支配獲得日後に生じた子会社の利益剰余金とは，支配獲得日後に獲得した子会社の当期純利益が該当します。当期純利益の非支配株主持分への振り替えにあたっては，非支配株主持分の相手勘定として非支配株主損益を使用し，非支配株主損益は連結損益計算書において，当期純利益の前に表示される（2計算書方式）こととなります。

③ 非支配株主に帰属する部分の算定にあたっては持分比率を用いることとなります。持分比率は下記の算式によって算定します。

$$\text{非支配株主の持分比率} = \frac{\text{非支配株主の持株数}}{\text{議決権を有する株式の発行済株式数（自己株式控除後）}}$$

また，非支配株主持分は，例えば，以下の場合に変動します。
- ▶子会社株式の追加取得（非支配株主持分の減少）
- ▶子会社株式の連結外部への一部売却（非支配株主持分の増加）
- ▶子会社の増資（非支配株主持分の増減）
- ▶子会社における配当金の支払（非支配株主持分の減少）
- ▶連結会社間の債権債務の相殺消去に伴う子会社の貸倒引当金の調整（非支配株主持分の増加）
- ▶未実現損益の消去（非支配株主持分の増減）

# §13 剰余金の配当

> ◇子会社から親会社に対して支払われた配当金については，連結財務諸表の作成にあたって消去する必要がある。
> ◇非支配株主が存在する場合には，子会社から非支配株主に支払われた配当金について，非支配株主持分を減少させる処理を行う。

　子会社から親会社に対する配当金の支払いは，企業集団内で行われた内部取引であり連結グループ内部での単なる資金移動に過ぎないことから，連結財務諸表の作成にあたってはその影響を除去するため連結消去仕訳を行う必要があります。

　また，子会社の株主に非支配株主が存在する場合に，子会社から非支配株主に対する配当は連結グループの外部に対する資本の流出となるため，非支配株主持分を減少させる処理を行うことが必要となります。

　では，実際の連結財務諸表の作成にあたっては，どのような仕訳が必要となるのでしょうか。次のP社（親会社）とS社（子会社）を例にして考えてみましょう。

### (1) ×2年3月31日におけるP社とS社の状況
① P社はS社株式の70%を保有しており，直近2年間における持分の変動はありません。

② ×1年6月30日にS社は利益剰余金を原資として、配当金3,000千円の支払いを行いました。

③ P社の×2年3月31日の個別財務諸表には、S社からの受取配当金として2,100千円が計上されています。

④ P社、S社ともに決算日は3月31日です。

## (2) ×2年3月31日(決算日)における連結消去仕訳

(1)の状況を前提とした場合、剰余金の配当について次のような連結消去仕訳が必要とされます。

剰余金の配当 (単位：千円)

| | | | |
|---|---|---|---|
| 受取配当金 | 2,100 | 利益剰余金の当期変動額 | 3,000 |
| 非支配株主持分*1 | 900 | （剰余金の配当） | |

*1　3,000×30%(非支配株主の持分比率) = 900

S社で行われた剰余金の配当のうち、親会社であるP社に対する支払額についてはP社の受取配当金と相殺消去する処理を行います。また、P社以外の非支配株主（持分比率30%）に対する支払額については非支配株主持分を減少させる処理を行います。

# §14 のれんの会計処理

- ◇ のれんとは親会社の子会社に対する投資額が，子会社の資本（非支配株主持分を除く）を上回る部分をいう。
- ◇ のれんは無形固定資産として計上し，20年以内のその効果の及ぶ期間にわたって規則的に償却する。
- ◇ のれんは「固定資産の減損に係る会計基準」の適用対象資産となることから，減損の検討が必要となる。
- ◇ 負ののれんとは，親会社の子会社に対する投資額が，子会社の資本（非支配株主持分を除く）を下回る部分をいう。
- ◇ 負ののれんが発生すると見込まれる場合，子会社のすべての識別可能資産及び負債が把握されているか，また，それらに対する取得原価の配分が適切に行われているかの見直しが必要とされる。
- ◇ 上記の見直しを行っても，なお負ののれんが発生する場合，当該負ののれんは，「負ののれん発生益」として原則として特別利益として処理することとなる。

投資と資本の相殺消去に伴い生じたのれん（又は負ののれん）について，連結財務諸表に関する会計基準ではのれん（又は負ののれん）は，企業結合会計基準第32項（又は第33項）に従って会計処理すると定めています（「基準22号」24項）。

では，企業結合会計基準では，のれん（又は負ののれん）の会計処理方法についてどのように定めているのでしょうか。

≪企業結合に関する会計基準≫

32. ①のれんは，②資産に計上し③20年以内のその効果の及ぶ期間にわたって，定額法その他の合理的な方法により④規則的に償却する。ただし，のれんの金額に重要性が乏しい場合には，当該のれんが生じた事業年度の費用として処理することができる。

33. ⑤負ののれんが生じると見込まれる場合には，次の処理を行う。ただし，負ののれんが生じると見込まれたときにおける取得原価が受け入れた資産及び引き受けた負債に配分された純額を下回る額に重要性が乏しい場合には，次の処理を行わずに，当該下回る額を当期の利益として処理することができる。

(1) ⑥取得企業は，すべての識別可能資産及び負債が把握されているか，また，それらに対する取得原価の配分が適切に行われているかどうかを見直す。

(2) (1)の見直しを行っても，なお取得原価が受け入れた資産及び引き受けた負債に配分された純額を下回り，負ののれんが生じる場合には，当該負ののれんが生じた事業年度の⑦利益として処理する。


≪解説≫

① のれんとは，親会社の子会社に対する投資額が，子会社の資本（非支配株主持分を除く）を上回る部分をいい，子会社の超過収益力に対する対価であると考えられます。のれんは，「固定資産の減損に係る会計基準」の適用対象資産となることから，減損の検討が必要とされます。

② のれんは無形固定資産として計上します。

③ のれんの償却年数の決定にあたっては，子会社の実態を適切に反映するように，その効果の発現する期間（ただし，20年

④ のれんの償却開始時期は,原則として支配獲得日となります。また,みなし取得日（子会社株式を取得した日の前後いずれかの子会社の決算日を,株式の取得日とみなす場合）を使用している場合には,当該みなし取得日が償却開始日となります。なお,のれん償却額は販売費及び一般管理費として計上し,減損処理を行う場合の償却額は特別損失として計上します。

⑤ 負ののれんとは,親会社の子会社に対する投資額が,子会社の資本（非支配株主持分を除く）を下回る部分をいいます。

⑥ 負ののれんが発生するのは,親会社が子会社をその価値より低い金額で取得した場合であり,通常の企業結合においてこのような取引が行われることは想定されません。したがって,識別可能資産・負債の網羅性及びそれらに対する取得原価配分の適切性について見直しを行い,負ののれんが発生するか否かを再検討する必要があります。

⑦ 負ののれんは,発生した事業年度において「負ののれん発生益」として特別利益に計上します。

# §15 債権債務及び取引高の相殺消去

> ◇ 連結会社相互間の債権と債務とは,相殺消去する必要がある。
> ◇ 連結会社相互間における商品の売買その他の取引に係る項目は,相殺消去する必要がある。
> ◇ 連結会社相互間の取引が,連結会社以外の企業を通じて行われている場合であっても,その取引が実質的に連結会社相互間の取引である事が明確な場合には,連結会社間の取引として処理する。
> ◇ 相殺消去の対象となる債権債務及び取引高の金額に差異がある場合には,差異調整の手続を行う。

　連結会社間で行われた取引は企業集団内部における内部取引に該当するため,連結財務諸表の作成にあたって,連結会社間取引により生じた債権債務及び取引高を相殺消去する連結修正仕訳を行うことで,単純合算財務諸表から連結会社間取引による影響額を消去する必要があります。これにより,連結財務諸表は企業集団の外部者との取引により生じた債権債務及び取引高のみが計上されることとなり,企業集団の財政状態及び経営成績を適切に開示することとなります。

　連結財務諸表に関する会計基準においては,債権債務及び取引高の相殺消去について,次のとおり定めています。

31. 連結会社相互間の①債権と債務とは,②相殺消去する。

35. ③連結会社相互間における④商品の売買その他の取引に係る項目は、②相殺消去する。

≪解説≫

① 相殺消去の対象となる債権と債務として、例えば次のものが挙げられます。

▶商品の売買により生じた「売掛金と買掛金」及び「受取手形と支払手形」

▶連結会社間の金銭消費貸借契約により生じた「貸付金と借入金」

▶前払費用や未収収益、前受収益や未払費用のうち連結会社相互間の取引に伴い生じた項目についても、相殺消去の対象となる点に留意が必要となります。

② 債権債務及び取引高の相殺消去を行う際に、連結会社間で消去金額が不一致となることがあります。例えば、次のような事項を要因として消去金額の不一致は発生します。

▶未達商品(売手側で出荷済みであり売上高を認識しているが、買手側では未検収の為仕入を認識していない商品)が存在する場合。

▶外貨建取引について、使用する為替相場が連結会社間で相違している場合。

▶連結会社間取引に係る債権債務及び取引高の計上漏れや集計漏れ。

上記のような事項を要因として発生した差異金額については、原因を明らかにするとともに、連結財務諸表に与える影響

等を勘案した上で適切に処理する必要があります。
③ 連結会社相互間の取引が連結会社以外の企業を通じて行われている場合であっても、その取引が実質的に連結会社相互間の取引である事が明確な場合には、連結会社間の取引として処理します。例えば、下記のように連結外部の会社を通じて取引を行っている場合が該当します。

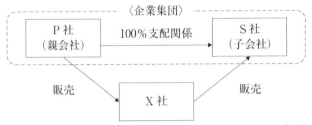

＊P社（親会社）は企業集団の外部者であるX社を通じて、S社（子会社）に商品を販売している。

④ 相殺消去の対象となる取引高として、例えば、次のものが挙げられます。
▶商品の売買により生じた「売上高と売上原価」
▶親子会社間の金銭消費貸借契約により生じた「受取利息と支払利息」
▶土地建物等の賃貸借により生じた「受取賃借料と支払賃借料」

では、実際の連結財務諸表の作成にあたっては、どのような仕訳が必要となるのでしょうか。次のP社（親会社）とS社（子会社）を例にして考えてみましょう。

(1) ×1年3月31日におけるP社とS社の状況

① P社は×1年3月31日にS社株式の70%を5,000千円で取得し、子会社としました。
② P社、S社ともに決算日は3月31日です。

## (2) ×2年3月31日におけるP社とS社の状況

×2年3月期に行われた連結会社間取引は下記のとおりです。

① P社のS社に対する商品販売

|  | P社 | S社 |
|---|---|---|
| 取引高 | 売上高　　　16,900千円 | 仕入高　　　15,000千円<br>（売上原価） |
| 債権債務残高 | 売掛金　　　3,000千円 | 買掛金　　　1,100千円 |
| 期末在庫 | なし | なし |

＊P社とS社の取引高及び債権債務残高の不一致の原因は未達商品1,900千円によるものです。未達商品のS社に対する販売価額はP社での購入価額と同一であり、利益は付していません。

② P社のS社に対する貸付金

|  | P社 | S社 |
|---|---|---|
| 取引高 | 受取利息　　　20千円 | 支払利息　　　20千円 |
| 債権債務残高 | 貸付金　　　20,000千円 | 借入金　　　20,000千円 |

## (3) ×2年3月31日（決算日）における連結消去仕訳（債権債務・取引高の相殺消去）

(1)及び(2)の状況を前提とした場合、次のような連結消去仕訳（債権債務・取引高の相殺消去）が必要となります。

S社の個別財務諸表の修正（未達商品）　　　　　　　　　（単位：千円）

| 仕入高（売上原価） | 1,900 | / | 買掛金 | 1,900 |
|---|---|---|---|---|
| 商　品 | 1,900 | / | 期末商品棚卸高<br>（売上原価） | 1,900 |

　未達商品については，商品がS社に到着したものとして仕入を計上するとともに，期末商品に振り替える処理を行います。

債権債務の相殺消去　　　　　　　　　　　　　　　　　　（単位：千円）

| 買掛金*1 | 3,000 | / | 売掛金 | 3,000 |
|---|---|---|---|---|
| 借入金 | 20,000 | / | 貸付金 | 20,000 |

*1　1,100＋1,900（未達商品）＝3,000

取引高の相殺消去　　　　　　　　　　　　　　　　　　　（単位：千円）

| 売上高 | 16,900 | / | 仕入高（売上原価）*2 | 16,900 |
|---|---|---|---|---|
| 受取利息 | 20 | / | 支払利息 | 20 |

*2　15,000＋1,900（未達商品）＝16,900

# §16　貸倒引当金の調整

> ◇連結会社相互間の債権と債務の相殺消去において，相殺消去の対象となる債権に貸倒引当金が計上されている場合，当該貸倒引当金についても取り消す処理が必要となる。

　連結財務諸表の作成にあたって，連結会社相互間の債権と債務の相殺消去を行いますが，相殺消去の対象となる債権に貸倒引当金が計上されていることがあります。この場合，連結会社相互間の債権は連結財務諸表から消去されるため，当該債権に対して計上された貸倒引当金についても取り消す処理が必要となります。

　では，実際の連結財務諸表の作成にあたっては，どのような仕訳が必要となるのでしょうか。次のP社（親会社）とS社（子会社）を例にして考えてみましょう。

### (1)　×1年3月31日におけるP社とS社の状況

①　P社はS社株式の70%を保有しており，直近3年間の持分の変動はありません。また，P社，S社ともに決算日は3月31日です。

②　P社はS社に商品を販売しており，×1年3月31日におけるP社のS社に対する売掛金は12,000千円，S社のP社に対する買掛金は12,000千円となっています。

③ P社の売上債権はすべて一般債権であり、貸倒実績率を5%として貸倒引当金を計上しています。

## (2) ×1年3月31日(決算日)における連結消去仕訳(貸倒引当金の調整)

(1)の状況を前提とした場合、次のような連結消去仕訳（貸倒引当金の調整）が必要となります。

貸倒引当金の調整 　　　　　　　　　　　　　　　　　　(単位：千円)

| 買掛金 | 12,000 | 売掛金 | 12,000 |
|---|---|---|---|
| 貸倒引当金*1 | 600 | 貸倒引当金繰入額*2 | 600 |

*1　12,000(売掛金)×5%(貸倒実績率)＝600
*2　子会社において多額の貸倒引当金戻入が生じた等の理由により、連結損益計算書における開示が貸倒引当金戻入となる場合には、「貸倒引当金戻入」となります。

債権債務の相殺消去の対象となる売掛金に対して設定されている貸倒引当金の計上を、取り消す処理を行います。

# §17 未実現損益の消去

◇ 連結会社相互間の取引により発生した未実現損益は，全額消去する。
◇ 親会社から子会社への売上（ダウンストリーム）により生じた未実現損益の消去額は，全額を親会社が負担する。
◇ 子会社から親会社への売上（アップストリーム）又は子会社から子会社への売上により生じた未実現損益の消去額は，持分比率に応じて，親会社と非支配株主で負担する。
◇ 未実現損失について，売手側の帳簿価額のうち回収不能と認められる部分は消去を行わない。

連結会社間で資産の売買取引を実施した場合，売り元で利益が計上されることがあります。企業集団の観点でみると，当該売買取引は連結会社間での資産の移転に過ぎず利益は生じません。このような利益を未実現利益といいます。例えば，親会社が100で購入した

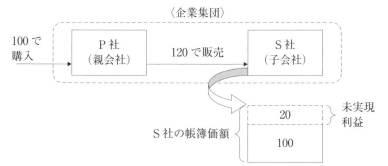

商品を子会社に対して120（原価100＋利益20）で販売し，当該商品が決算日において子会社の棚卸資産として残存しているような場合には親会社が付した利益20は未実現利益に該当します。

　連結の観点で考えると，利益が計上されるのは企業集団の外部に対して売却を行ったときとなるため，単体と連結では利益の計上時期が異なります。そのため，この利益の計上時期の違いを連結上で修正する必要があります。

　連結財務諸表に関する会計基準では，未実現損益の消去について次のとおり定めています。

---

36. ①連結会社相互間の取引によって取得した棚卸資産，固定資産，②その他の資産に含まれる③未実現損益は，④その全額を消去する。ただし，⑤未実現損失については，売手側の帳簿価額のうち回収不能と認められる部分は，消去しない。
37. 未実現損益の金額に重要性が乏しい場合には，これを消去しないことができる。
38. 売手側の子会社に非支配株主が存在する場合には，④未実現損益は，親会社と非支配株主の持分比率に応じて，親会社の持分と非支配株主持分に配分する。

---

≪解説≫

① 連結会社相互間の取引には，親会社が企業集団の外部者である会社を通じて子会社へ商品を販売している場合のように，連結会社間の直接的な取引ではない取引も含まれます。

② その他の資産としては，連結会社間で売買された有価証券等が考えられます。

③ 未実現損益は，個々の資産毎に金額を算定する方法が原則で

す。しかし，棚卸資産のように取引数量が大きくなる資産について個々の資産毎に未実現損益を算定するのは困難であるため，実務上は一定の合理的なルールを定め毎期継続して適用していくことになると考えられます。
④ 消去した未実現損益の処理方法は，売手側が親会社であるか子会社であるかにより異なるものとなり，まとめると下表のとおりとなります。

| 取引種別 | 消去した未実現損益の負担方法 |
|---|---|
| 親会社→子会社<br>（ダウンストリーム） | 全額親会社が負担する。 |
| 子会社→親会社<br>（アップストリーム） | 持分比率に応じて親会社と非支配株主が負担する。 |
| 子会社→子会社 | 持分比率に応じて親会社と非支配株主が負担する。 |

では，実際の連結財務諸表の作成にあたっては，どのような仕訳が必要となるのでしょうか。次のP社（親会社）とS社（子会社）を例にして考えてみましょう。

＜ダウンストリームの場合＞
(1) ×1年3月31日におけるP社とS社の状況
① P社はS社株式の60％を保有しており，直近3年間の持分の変動はありません。また，P社，S社ともに決算日は3月31日です。
② P社はS社に対してY商品を販売しています。
S社の期首棚卸資産にはP社から購入したY商品が11,760千円，期末棚卸資産には18,000千円が含まれています。

③ 前期及び当期において、P社は20%の利益を付加してY商品をS社に販売しています。

## (2) ×1年3月31日(決算日)における連結消去仕訳(未実現損益の消去)

(1)の状況を前提とした場合、次のような連結消去仕訳（未実現損益の消去）が必要となります。

期首棚卸資産に含まれる未実現損益の消去 (単位：千円)

| 利益剰余金期首残高*1 | 1,960 | / | 棚卸資産*1 | 1,960 |
|---|---|---|---|---|
| 棚卸資産*1 | 1,960 | / | 期首商品棚卸高*1<br>（売上原価） | 1,960 |

*1　$11,760 \times 20 \div 120 = 1,960$

連結財務諸表は、個別財務諸表を合算した単純合算財務諸表を基礎として作成されることから、期首棚卸資産に含まれる未実現損益については次の仕訳が必要となります。

a) 期首の棚卸資産が未実現利益の分だけ過大計上されていることから、これを消去する仕訳を行います。

b) 期首棚卸資産のすべてを、当期に販売したと仮定して処理を行います。損益計算書の売上原価が、未実現利益の分だけ過大計上されていることから、これを消去する仕訳を行います。

期末棚卸資産に含まれる未実現損益の消去 (単位：千円)

| 期末商品棚卸高*1<br>（売上原価） | 3,000 | / | 棚卸資産*1 | 3,000 |
|---|---|---|---|---|

*1　$18,000 \times 20 \div 120 = 3,000$

未実現損益を消去し、全額を親会社が負担します。

<アップストリームの場合>

### (1) ×1年3月31日におけるP社とS社の状況

① P社はS社株式の60%を保有しており,直近3年間の持分の変動はありません。また,P社,S社ともに決算日は3月31日です。

② S社はP社に対して当期首からX商品を販売しています。
P社の期末棚卸資産には,S社から購入したX商品 3,300 千円が含まれています。

③ S社は10%の利益を付加してX商品をP社に販売しています。

### (2) ×1年3月31日(決算日)における連結消去仕訳(未実現損益の消去)

(1)の状況を前提とした場合,次のような連結消去仕訳(未実現損益の消去)が必要となります。

未実現損益の消去                                    (単位:千円)

| | | | |
|---|---|---|---|
| 期末商品棚卸高*1<br>(売上原価) | 300 / | 棚卸資産*1 | 300 |
| 非支配株主持分*2 | 120 / | 非支配株主損益*2 | 120 |

*1 $3,300 \times 10 \div 110 = 300$
*2 300(未実現損益の消去額)×40%(非支配株主割合)= 120

アップストリームの場合,未実現損益の全額を消去し,持分比率に応じて親会社と非支配株主が負担することとなります。

# §18 在外子会社の財務諸表の換算

> ◇在外子会社の財務諸表は連結財務諸表で用いる通貨に換算した後に，連結作業を行う。
> ◇通貨の換算については外貨建取引等会計処理基準に定められており，換算方法は毎期継続して適用する。

　連結子会社の中には，海外に本店があり財務諸表の作成も現地通貨（外国通貨）により行われている在外子会社が含まれていることがあります。連結財務諸表には，在外子会社の財務諸表も含めることとなるため，外国通貨で作成された財務諸表を連結財務諸表で用いる通貨に換算する必要があります。

　この在外子会社の換算方法は，外貨建取引等会計処理基準（三　在外子会社等の財務諸表項目の換算）に定められており，まとめると下表のとおりとなります。

| 項　　目 | 換算方法 |
|---|---|
| 資産及び負債 | ①決算時の為替相場により換算する。 |
| 資　　本 | ➢親会社の株式取得時の資本は，株式取得時の為替相場により換算する。<br>➢親会社の株式取得後に生じた資本は，当該項目の発生時の為替相場により換算する。 |
| 収益及び費用 | ②原則として③期中平均相場により換算する。 |
| 換算差額の処理 | ④<u>為替換算調整勘定</u>として貸借対照表の純資産の部に計上する。 |

≪解説≫

① 在外子会社の決算日が連結決算日と異なる場合，在外子会社の決算日における為替相場を使用します。ただし，在外子会社の決算日と連結決算日との差異期間において，重要な為替相場の変動が生じた場合には，在外子会社は連結決算日に正規の決算に準ずる決算を行うとともに，連結決算日の為替相場による換算を行います。

② 収益費用の換算には，決算時の為替相場を用いることも認められています。また，親会社との取引により生じた収益費用の換算は，親会社が換算に用いる為替相場によって換算し，この場合に生じる差額は当期の為替差損益として取扱います。

③ 在外子会社の決算日が連結決算日と異なる場合には，在外子会社の損益計算書項目の換算に適用される期中平均相場は，在外子会社の会計期間に基づく期中平均相場とします。

④ 在外子会社に非支配株主持分が存在する場合，為替換算調整勘定は持分比率に応じて非支配株主持分にも配分します。

# §19　持分法の概要

◇ 持分法は一行連結といわれ，通常の連結処理をした場合と持分法を適用した場合では，純資産及び当期純損益に与える影響は原則として同じとなる。
◇ 持分法は，非連結子会社及び関連会社に対して適用される。

持分法に関する会計基準では，持分法の定義を次のとおり定めています。

4.「持分法」とは，投資会社が①<u>被投資会社</u>の資本及び損益のうち投資会社に帰属する部分の変動に応じて，その②<u>投資の額を連結決算日ごとに修正</u>する方法をいう。

≪解説≫
① 非連結子会社及び関連会社に対する投資については，原則として持分法を適用します。
② 持分法を適用し，投資額の修正を行う場合には「持分法による投資利益（又は損失）」を相手勘定とし，持分法による投資利益（又は損失）は営業外収益（又は費用）として計上します。

連結は，親会社及び連結子会社の財務諸表を，勘定科目毎に合算

することによって，企業集団の財政状態及び経営成績を明らかにします。一方，持分法は被投資会社における純資産額の変動や損益のうち，投資会社の持分相当額を，原則として貸借対照表上は投資有価証券金額の修正，損益計算書上は「持分法による投資利益（又は損失）」として連結財務諸表に反映する方法であり，一行連結ともいわれます。連結と持分法は，連結対象科目がすべての勘定科目か，一科目かという違いはありますが，連結財務諸表の当期純利益及び純資産に与える影響額は，原則として同一となります。

なお，現行制度において持分法が適用されるのは，連結財務諸表を作成する場合（持分法適用会社以外に連結子会社を有している場合）のみとなります。連結財務諸表を作成しない会社に，非連結子会社又は関連会社が存在する場合には，持分法を適用した場合の投資金額及び持分法による投資利益（又は損失）の金額を注記することとなります。


持分法の適用にあたっては，以下の項目について対応が必要となります。

① 会計処理の原則及び手続の統一

同一環境下で行われた同一性質の取引等については，投資会社(その子会社を含む)と被投資会社が採用する会計処理の原則及び手続を，原則として統一します。また，被投資会社の財務諸表が一般に公正妥当と認められる会計処理の原則及び手続に準拠していない場合には，当然に被投資会社の個別財務諸表の修正が必要となります。

② 決算日の差異

持分法を適用する場合に，投資会社は被投資会社の直近の決算日における財務諸表を使用します。また，連結決算日と被投資会社の

決算日に差異が生じている場合に,その差異期間において重要な取引又は事象が発生している場合には,被投資会社の財務諸表の修正又は連結財務諸表への注記を行います。なお,連結子会社のように3カ月ルール(連結決算日と子会社の決算日との差異が3カ月を超える場合には,連結子会社は連結決算日に正規の決算に準じた処理を行う)の適用はありません。

③ 資産負債の時価評価

持分法適用会社においても,支配獲得日において被投資会社の資産及び負債を時価評価することが必要となります。ただし,持分法適用会社が,非連結子会社か関連会社の違いにより,下記のとおり,評価方法が異なるものとなります。

| 持分法適用会社 | 被投資会社の資産及び負債の評価方法 |
| --- | --- |
| 非連結子会社 | ＜全面時価評価法＞<br>子会社のすべての資産及び負債を支配獲得日の時価により評価する方法。 |
| 関連会社 | ＜部分時価評価法＞<br>関連会社の資産及び負債のうち,投資会社持分に対応する部分について株式の取得日ごとに,当該株式の取得日の時価で評価する方法。 |

④ 税効果会計の適用

連結の場合と同様に,持分法を適用したことによって生じた一時差異は,税効果会計の適用対象となります。

持分法を適用した場合の連結仕訳として,のれんの償却や被投資会社の当期純損益の反映,未実現損益の消去,被投資会社から受け取った受取配当金の消去等が必要となります。

# §20 連結財務諸表における税効果会計

◇連結財務諸表作成時には，さまざまな連結修正を行う。この連結修正によって連結上の一時差異が生じる場合には税効果会計を適用することとなる。

## 1．税効果会計の概要

　税効果会計とは，企業会計上の資産又は負債の額と課税所得計算上の資産又は負債の額に相違がある場合に，法人税その他利益に関連する金額を課税標準とする税金の額（以下，「法人税等」という）を適切に期間配分することにより，法人税等を控除する前の当期純利益と法人税等を合理的に対応させることを目的とする手続をいいます。

　例えば，不良債権に対する貸倒引当金の繰入が有税処理（会計上費用として処理されるが，税務上の損金としては認められない）となる場合，個別財務諸表に計上される貸倒引当金は税務上の負債に該当しないことから，企業会計上の負債の額と課税所得計算上の負債の額に差異（一時差異）が生じます。この点，当該差異（将来減算一時差異）に係る将来の税金負担軽減相当額を，繰延税金資産として計上することで，無税処理した場合と同額の税引後当期純利益となります。

【具体例】

前提条件

① 不良債権600について全額貸倒引当金を計上している。
② 税引前当期純利益は2,000である。
③ 実効税率は40%とする。

(1) 貸倒引当金が税務上の負債として認められる場合(無税処理)

| | | |
|---|---|---|
| 税引前当期純利益 | 2,000 | |
| 法人税等 | △800 | (2,000×40%) |
| 税引後当期純利益 | 1,200 | |

(2) 貸倒引当金が税務上の負債として認められない場合(有税処理)

| | | |
|---|---|---|
| 税引前当期純利益 | 2,000 | |
| 法人税等 | △1,040 | ((2,000+600)×40%) |
| 法人税等調整額 | 240 | (600×40%)＊ |
| 税引前当期純利益 | 1,200 | |

＊将来減算一時差異(貸倒引当金)について繰延税金資産(相手勘定を法人税等調整額とする)を計上することで,無税処理の場合と同額の税引前当期純利益となります。

## 2. 連結財務諸表における税効果会計

　連結財務諸表の作成においては,さまざまな連結修正を行うこととなり,これにより連結財務諸表に含まれる各社の資産及び負債の簿価と,各社の課税所得計算上の資産及び負債の金額との間に一時差異が生じることとなります。このような連結固有の一時差異には

以下のようなものがあり，税効果会計の対象となります。

> ① 子会社の資産及び負債の時価評価による評価差額
> ② 連結会社相互間の取引から生ずる未実現損益の消去
> ③ 連結会社相互間の債権と債務の相殺消去による貸倒引当金の減額修正

## ≪解説≫

### ① 子会社の資産及び負債の時価評価による評価差額

資本連結の手続において，子会社の資産及び負債は投資取得日又は支配獲得日の時価により評価されます。この点，評価差額が発生する資産又は負債については，連結上の簿価と個別上の簿価に差額が生じることから，連結財務諸表固有の一時差異に該当します。

> 【仕訳の具体例】
> 前提条件
> 子会社の土地の時価評価において，評価差額 2,000（評価益）が生じている。なお，実効税率は 40% とする。
> 仕　訳
> 土　地　　　2,000 ／ 評価差額　　　1,200
> 　　　　　　　　　　 繰延税金負債　　800

### ② 連結会社相互間の取引から生ずる未実現損益の消去

連結会社相互間の取引から生じた未実現損益は，連結手続において消去される一方，個別上は売却元である連結会社において課税がなされ法人税等が計上されます。この点，未実現損益の消去によっ

て，売買対象となった資産の個別上の簿価と連結上の簿価に差額が生じることから，連結財務諸表固有の一時差異に該当することとなります。

---

【仕訳の具体例】

<u>前提条件</u>

連結会社相互間取引により，未実現利益500が生じている。なお，実効税率は40%であり，非支配株主は存在していない。

<u>仕　訳</u>

| | | | |
|---|---|---|---|
| 売上原価 | 500 ／ | 棚卸資産 | 500 |
| 繰延税金資産 | 200 ／ | 法人税等調整額 | 200 |

---

### ③　連結会社相互間の債権と債務の相殺消去による貸倒引当金の減額修正

連結会社相互間の債権債務の相殺消去を行う際に，相殺消去の対象となった債権に対して貸倒引当金が設定されている場合には，当該貸倒引当金について減額修正を行う必要があります。この点，貸倒引当金の減額修正により，個別上の負債の簿価と連結上の負債の簿価に差額が生じることから，連結財務諸表固有の一時差異に該当します。

【仕訳の具体例】

前提条件

連結会社間債権に対して設定された貸倒引当金 200 について減額修正を行った。なお，実効税率は 40% であり，非支配株主は存在していない。なお，減額修正された貸倒引当金は，財務上損金として認められていた。

仕　　訳

貸倒引当金　　　　　200　／　貸倒引当金繰入額　　200
法人税等調整額　　　 80　／　繰延税金負債　　　　 80

## 3. 繰延税金資産及び負債の表示

　繰延税金資産及び繰延税金負債の表示については，異なる納税主体に係るものを除き，その差額を繰延税金資産又は繰延税金負債として表示しなければなりません。したがって，同一納税主体に係る繰延税金資産及び繰延税金負債については，短期及び長期のそれぞれについて相殺後の金額を繰延税金資産及び繰延税金負債として表示することとなります。

## §21　連結納税制度の概要

> ◇ 連結納税制度とは，連結グループを1つの法人とみなして課税を行う制度をいう。
> ◇ 連結納税制度は内国法人である連結納税親法人と，当該親法人が直接的又は間接的に100%の株式を保有するすべての国内子会社を適用範囲とする。
> ◇ 連結納税制度を適用する際の事業年度は，連結納税親会社の事業年度とする。
> ◇ 連結法人税額は，個別所得を合算しこれに連結納税グループ間取引等の調整を加えた連結所得に基づいて算定する。
> ◇ 連結納税制度を適用しようとする場合には，最初の連結事業年度の6カ月前までに承認申請書を提出する必要がある。
> ◇ 連結納税制度を適用した場合における税効果会計については，「連結納税制度を適用する場合の税効果会計に関する当面の取扱い（その1）」（実務対応報告第5号）及び「同（その2）」（実務対応報告第7号）において取扱いの詳細を定めている。

　連結納税制度は，企業グループを実質的に1つの法人とみなして課税を行う制度をいいます。連結納税制度を適用した場合，連結グループ内の会社で生じた欠損を連結グループ内の他の会社で生じた所得と通算して，連結納税額を算定することとなるため，分社化等の企業グループ内で実行された組織再編等が，課税に与える影響を軽減することが可能となります。

## 1. 連結納税制度の概要

### ① 連結納税制度の適用範囲

連結納税制度は，内国法人である連結納税親法人と，当該親会社が直接的又は間接的に100%の株式を保有するすべての国内子会社を適用範囲とします。適用範囲の検討にあたっては，以下の点に留意が必要です。

▶連結納税親法人となれるのは，内国法人である普通法人と協同組合等に限られます。また，他の内国法人の100%子会社は連結納税親法人となることはできません。

▶連結納税親法人の100%国内子会社は，すべて連結納税の適用範囲となります。したがって，重要性が乏しいこと等を理由として，一部の100%連結子会社を連結納税の適用範囲から除外することはできません。ただし，清算中の法人等は連結納税の適用範囲から除外されます。

図表 21-1　連結納税の適用範囲

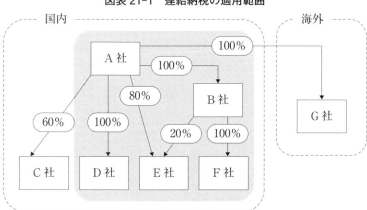

▶協同組合等は，連結納税親会社となることはできますが，連結法人子会社となることはできません。

### ② 連結納税の事業年度

連結納税制度を適用する際に使用する事業年度は，連結納税親会社の事業年度となります。子会社の事業年度が親会社と異なる場合であっても，連結納税額の算定にあたっては，親会社の事業年度を使用することとなります。したがって，実務においては連結納税制度の導入前に連結納税親会社と連結納税子会社の事業年度を統一しておく方が簡便です。

### ③ 連結法人税額の算定

連結法人税額は，以下のプロセスにより算定します。なお，地方税（住民税，法人事業税）については，連結グループ各社で算定することとなる点に留意が必要です。

Step 1．連結グループ各社における，個別所得金額の算定
Step 2．連結所得の算定

連結グループ各社の個別所得を合算し，これに連結グループ間取引等の調整を加味することで，連結所得金額を算定します。

Step 3．連結法人税額の算定

連結所得を基礎として調整前連結税額を算定します。これに税額控除等を加味することで，連結税額を算定します。

Step 4．連結法人税額の配分

連結法人税額は，連結グループ各社の個別所得金額または個別繰越欠損金額を基礎として連結各社に配分することができます。この場合，連結法人税額の納付は親会社が行い，子会社は法人税

相当額を親会社に支払う（又は，親会社から還付を受ける）こととなります。

④ 連結納税制度の導入

連結納税制度は，企業の選択により任意に適用される制度です。したがって，連結納税制度を適用しようとする企業は，連結納税制度を適用しようとする最初の連結事業年度の開始6カ月前までに，連結親会社となる法人の納税地の所轄税務署長を経由し，国税庁長官に承認申請書を提出する必要があります。

連結納税制度を一度導入すると，原則として，翌期以降も継続して連結納税を行うことが求められます。連結納税制度の導入にあたってはメリットとデメリットを比較し，慎重に判断することが必要となります。

## 2. 連結納税制度を適用した場合の税効果会計

連結納税制度を適用した場合の税効果会計の取扱いは，「連結納税制度を適用する場合の税効果会計に関する当面の取扱い（その1）」（実務対応報告第5号）及び「同（その2）」（実務対応報告第7号）において詳細が定められています。

連結納税制度を適用した際の，繰延税金資産及び繰延税金負債の計上プロセスは以下のとおりです。

Step 1. 連結納税主体における税効果会計の適用
　▶連結納税制度の法人税と，単体納税制度の住民税及び事業税では繰越欠損金の取扱等が異なるため，それぞれを区分して把握する必要があります。

▶使用する法人税の実効税率は，連結納税主体の法人税率（連結納税親会社の法人税率）となります。

Step 2. 連結納税会社の個別財務諸表における税効果会計の適用

▶連結納税会社の個別財務諸表においても，法人税，住民税及び事業税を区分して把握する必要があります。

Step 3. 繰延税金資産の回収可能性

▶連結納税主体の法人税に係る繰延税金資産については，連結グループを連結納税主体とみなした上で，回収可能性を判断していくこととなります。

# §22 連結財務諸表の開示制度及び注記事項等

> ◇ 現行制度における連結財務諸表の法定開示制度として,「金融商品取引法に基づく開示(有価証券報告書,四半期報告書,半期報告書)」と「会社法に基づく開示(連結計算書類)」の2つがある。
> ◇ 法定の開示制度ではないが,各証券取引所に上場している有価証券の発行会社については,証券取引所の適時開示ルールに基づく決算短信の開示が求められる。

現行制度における連結財務諸表の法定開示制度として,「金融商品取引法に基づく開示」と「会社法に基づく開示」の2つが挙げられます。両者は同一の会計帳簿を基礎として作成されますが,提出義務の定めや記載内容(開示する連結財務諸表の種類や注記事項)等の点で違いが生じます。また,法定の開示制度ではありませんが,各証券取引所に上場している有価証券の発行会社は,証券取引所の適時開示ルールに基づく決算短信(年度及び各四半期)の開示も必要とされます。

## 1. 金融商品取引法に基づく開示

連結財務諸表は,有価証券報告書や四半期報告書,半期報告書等の一項目として,EDINET(金融商品取引法に基づく有価証券報告

書等の開示書類に関する電子開示システム）を通じて公衆縦覧に供されます。

### ① 提出義務のあるもの

#### a）有価証券報告書

次のいずれかに該当する有価証券の発行会社については，有価証券報告書を提出する必要があります（金商法24条1項）。

▶金融商品取引所に上場されている有価証券

▶流通状況が金融商品取引所に上場されている有価証券に準ずるものとして政令で定める有価証券

▶募集又は売出しにつき金融商品取引法第4条第1項本文，第2項本文若しくは第3項本文又は第23条の8第1項本文若しくは第2項の規定の適用を受けた有価証券

▶当該会社が発行する有価証券で，当該事業年度又は当該事業年度の開始の日前4年以内に開始した事業年度のいずれかの末日におけるその所有者の数が政令で定める数以上であるもの

#### b）四半期報告書

金融商品取引所に上場されている株式の発行会社その他政令で定めるもので，その事業年度が3カ月を超える場合には四半期報告書の提出義務が生じます。

### ② 開示される連結財務諸表の種類

有価証券報告書及び四半期報告書において作成が必要となる連結財務諸表は，それぞれ以下のとおりです。

#### a）有価証券報告書

連結貸借対照表，連結損益計算書，連結包括利益計算書（又は，

連結損益及び包括利益計算書),連結株主資本等変動計算書,連結キャッシュ・フロー計算書,連結附属明細表

b) 四半期報告書

四半期連結貸借対照表,四半期連結損益計算書,四半期連結包括利益計算書(又は四半期連結損益及び包括利益計算書),四半期連結キャッシュ・フロー計算書*

* 第1四半期及び第3四半期については,作成を要しません。

## 2. 会社法に基づく開示

定時株主総会の招集通知の添付として,連結計算書類等の作成が必要となります。会社法ではその作成義務や記載について,以下のとおり定めています。

① 作成義務のあるもの

事業年度の末日において,大会社であって金融商品取引法第24条1項の規定により有価証券報告書を提出しなければならないものは,当該事業年度に係る連結計算書類を作成しなければなりません(会社法444条3項)。また,強制ではありませんが,会計監査人設置会社についても連結財務諸表を作成することができます(会社法444条1項)。

② 連結計算書類の記載内容

連結計算書類においては,以下の事項を開示することが必要とされます。

・連結貸借対照表　　　・連結損益計算書

・連結株主資本等変動計算書　　　・連結注記表

## 3. 注記事項

連結財務諸表利用者の意思決定に有用な情報を提供することを目的として，有価証券報告書や連結計算書類では，以下の事項等を注記することが必要となります。

(例) 有価証券報告書における注記事項

▶継続企業の前提に関する注記
▶連結財務諸表作成のための基本となる重要な事項の注記（連結の範囲に関する事項，会計処理基準に関する事項等）
▶会計方針の変更に関する注記
▶未適用の会計基準等に関する注記
▶表示方法の変更に関する注記
▶会計上の見積りの変更に関する注記
▶追加情報
▶その他注記事項
　・連結貸借対照表に関する注記
　・連結損益計算書に関する注記
　・連結包括利益計算書に関する注記
　・連結株主資本等変動計算書に関する注記
　・連結キャッシュ・フロー計算書に関する注記
　・リース取引に関する注記
　・金融商品に関する注記
　・有価証券に関する注記
　・デリバティブ取引に関する注記

- 退職給付に関する注記
- ストック・オプション等に関する注記
- 税効果会計に関する注記
- 企業結合等に関する注記
- 資産除去債務に関する注記
- 賃貸等不動産に関する注記
- セグメント情報等に関する注記
- 関連当事者情報に関する注記
- 1株当たり情報に関する注記
- 重要な後発事象

(例) 連結計算書類における注記事項

- ▶継続企業の前提に関する注記
- ▶連結計算書類の作成のための基本となる重要な事項及び連結の範囲又は持分法の適用の範囲の変更に関する注記
- ▶会計方針の変更に関する注記
- ▶表示方法の変更に関する注記
- ▶会計上の見積りの変更に関する注記
- ▶誤謬の訂正に関する注記
- ▶連結貸借対照表等に関する注記
- ▶連結株主資本等変動計算書に関する注記
- ▶金融商品に関する注記
- ▶賃貸等不動産に関する注記
- ▶1株当たり情報に関する注記
- ▶重要な後発事象に関する注記

# §23 セグメント情報等の開示

> ◇ 識別する事業セグメントは,「マネジメント・アプローチ」に基づき,意思決定や業績評価のために経営者が企業を事業の構成単位に分別した方法を基礎として決定する。
> ◇ 識別した事業セグメントについては特徴や要素ごとに集約した上で,量的基準を適用して報告すべきセグメントを決定します。
> ◇ セグメント情報等として,以下の項目を開示します。
> ▶ セグメント情報(報告セグメントの概要,報告セグメントの利益,資産,負債及びその他の重要な項目の額並びにその測定方法に関する事項)
> ▶ 関連情報(製品及びサービスに関する情報,地域に関する情報,主要な顧客に対する情報)
> ▶ 固定資産の減損損失に関する報告セグメント別情報
> ▶ のれんに関する報告セグメント別情報

　セグメント情報等の開示は,経営の多角化やグローバル化が進む企業の状況について,財務諸表利用者が企業の過去の業績を理解し将来のキャッシュ・フローを適切に評価できるよう,企業が行うさまざまな事業活動の内容や,経営環境について事業セグメント毎の情報を提供することを目的としています。

　従来の会計基準では,セグメント情報等として「事業の種類別セグメント情報」「所在地別セグメント情報」「海外売上高」の開示が求められていました。しかし,我が国を代表する大企業の2割近く

が単一セグメント,又は重要性が低いとの理由で事業の種類別セグメントを作成しておらず,セグメント情報の開示制度が十分に機能しているとはいえませんでした。

そこで導入されたのが「マネジメント・アプローチ」に基づくセグメント情報の開示となります。

---

マネジメント・アプローチとは

<意義>

最高経営意思決定機関が,自らの意思決定や業績評価のために,事業を構成単位に分別した方法を基礎として,開示セグメントを決定する方法をいう。

<特徴>

▶最高経営意思決定機関が,自らの意思決定や業績評価のために使用する構成単位(事業部,部門,子会社又は他の内部単位)に対応する情報を提供する。

▶最高経営意思決定機関が,業績評価のために使用する報告において,特定の金額を配分している場合には,セグメント情報においても同様に,構成単位への配分を行う。

▶セグメント情報を作成する為に採用する会計方針は,最高経営意思決定機関が資源を配分し,業績評価のための報告の中で使用するものと同一とする。

<長所>

▶財務諸表利用者は,経営者の視点で企業に関する情報を入手することとなり,経営者の行動を予測し企業の将来キャッシュ・フローの評価に反映することが可能となる。

> ▶セグメント情報等の作成の基礎となる財務情報は，経営者が利用するために既に作成されているものであることから，作業負担が比較的少ない。
> ▶実際の企業の組織構造に基づく区分を行うため，その区分の決定において恣意性が入りにくい。

では，実務上セグメント情報等の開示はどのように作成するのでしょうか。セグメント情報等の開示にあたっては，以下の手順に従い開示対象となる報告セグメントを決定し，開示情報を作成します。

### (1) 事業セグメントの識別

「事業セグメント」とは，企業の構成単位で，次の要件のすべてに該当するものをいいます。

① 収益を稼得し，費用が発生する事業活動に関わるもの。

② 企業の最高経営意思決定機関が，当該構成単位に配分すべき資源に関する意思決定を行い，また，その業績を評価するために経営成績を定期的に検討するもの。

③ 分離した財務情報を入手できるもの。

### (2) 報告セグメントの決定

報告セグメントの決定は，次のフローに従って行います。

§23 セグメント情報等の開示　87

### 図表23-1　報告セグメントの決定プロセス

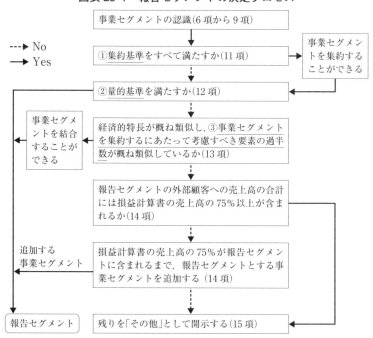

\*括弧には「セグメント情報等の開示に関する会計基準」（以下「基準17号」）の参照箇所を記載しています。

≪解説≫

① 集約基準とは，以下の4要件をいいます。

a) 事業セグメントの集約が，セグメント情報を開示する基本原則\*と整合していること。

> \*基本原則とは，「セグメント情報等の開示は，財務諸表利用者が企業の過去の業績を理解し，将来のキャッシュ・フローの予測を適切に評価できるように，企業が行う様々な事業活動の内容及びこれを行う経営環境に関して適切な情報を提供するものでなければならない」とする定めをいいます（「基準17号」4項）。

b) 事業セグメントの経済的特徴が概ね類似していること。

c) 事業セグメントの次のすべての要素が概ね類似していること。

- ▶製品及びサービスの内容
- ▶製品の製造方法又は製造過程,サービスの提供方法
- ▶製品及びサービスを販売する市場又は顧客の種類
- ▶製品及びサービスの販売方法
- ▶銀行,保険,公益事業等のような業種に特有の規制環境

② 量的基準とは以下の3要件をいい,いずれかを満たす事業セグメントは報告セグメントとして開示することとなります。なお,量的基準を満たさない事業セグメントであっても,報告セグメントとして開示することは可能です。

a) 売上高(事業セグメント間の内部売上高又は振替高を含む)が,すべての事業セグメントの売上高の合計額の10%以上であること。なお,売上高には役務収益を含みます。

b) 利益又は損失の絶対値が,利益の生じているすべての事業セグメントの利益の合計額又は損失の生じているすべての事業セグメントの損失の合計額の絶対値のいずれか大きい金額の10%以上であること。

c) 資産が,すべての事業セグメントの資産の合計額の10%以上であること。

③ ① c)に記載されている要件を指します。

## (3) 開示事項

(2)で決定した報告セグメントについて,以下の事項をセグメン

ト情報等として開示することになります。

---セグメント情報等の開示項目---

▶セグメント情報

a) ①<u>報告セグメントの概要</u>

b) 報告セグメントの売上高，利益（又は損失），資産，②<u>負債</u>及び③<u>その他の重要な項目</u>の額並びにその④<u>測定方法</u>に関する事項

c) 報告セグメントごとに開示した項目の合計額と，これに対応する連結財務諸表計上額との間の⑤<u>差異調整</u>に関する事項

▶関連情報の開示

a) ⑥<u>製品及びサービスに関する情報</u>

b) ⑦<u>地域に関する情報</u>

c) ⑧<u>主要な顧客に関する情報</u>

▶⑨<u>固定資産の減損損失に関する報告セグメント別の情報</u>

▶⑩<u>のれんに関する報告セグメント別の情報</u>

≪解説≫

① 報告セグメントの概要として，以下2項目の開示が求められます。

▶報告セグメントの決定方法

▶各報告セグメントに属する製品及びサービスの種類

② 負債に関する情報が，最高経営意思決定機関に対して定期的に提供され，かつ使用されている場合には，開示が求められます。

③ 開示される報告セグメントの利益（又は損失）や資産の算定に以下の項目が含まれている場合には，これらの金額について開示することが必要となります。また，含まれていない場合であっても事業セグメント別の情報が最高経営意思決定機関に対して定期的に提供され，使用されているときには開示が求められます。

▶外部顧客への売上高
▶事業セグメント間の内部売上高又は振替高
▶減価償却費
▶のれんの償却額及び負ののれんの償却額
▶受取利息及び支払利息
▶持分法投資利益（又は損失）
▶特別利益及び特別損失
▶税金費用（法人税等及び法人税等調整額）
▶上記に含まれていない重要な非資金損益項目
▶持分法適用会社への投資額（当期末残高）
▶有形固定資産及び無形固定資産の増加額（当年度の投資額）

④ 測定方法に関する事項として，以下の項目の開示が求められます。

▶報告セグメント間の取引がある場合，その会計処理の基礎となる事項（取引価格や振替価格の決定方法等）
▶報告セグメントの利益（又は損失），資産，負債の合計額について，連結財務諸表との間に差異が生じており，下記⑤の差異調整に関する事項の開示からその内容が明らかではない場合にはその内容
▶事業セグメントの利益（又は損失）の測定方法を前年度に採

用した方法から変更した場合には，その旨，変更の理由及び当該変更がセグメント情報に与えている影響

▶事業セグメントに対する特定の資産又は負債の配分基準と関連する収益又は費用の配分基準が異なる場合にはその内容

⑤ 次の項目について，差異調整に関する事項の開示が求められます。

▶報告セグメントの売上高の合計額と連結損益計算書の売上高計上額

▶報告セグメントの利益（又は損失）の合計額と連結損益計算書の利益（又は損失）計上額

▶報告セグメントの資産の合計額と連結貸借対照表の資産計上額

▶報告セグメントの負債の合計額と連結貸借対照表の負債計上額

▶その他の開示される各項目について，報告セグメントの合計額とその対応する科目の連結財務諸表計上額

⑥ 主要な個々の製品又はサービスあるいはこれらの種類や性質，製造方法，販売市場等の類似性に基づく同種・同系列のグループ（以下，「製品・サービス区分」という）毎の外部顧客への売上高を開示します。開示対象となるのは，連結損益計算書の売上高の10%以上となる製品・サービス区分の売上高であり，単一の製品・サービス区分の売上高が連結損益計算書の売上高の90%超となる場合には，その旨を開示することで，製品及びサービスに関する情報の開示を省略することができます。

⑦ 地域に関する情報として，以下の事項を開示することとなります。

- ▶国内の外部顧客に対する売上高に分類した額と，海外の外部顧客に対する売上高に分類した額。後者のうち，主要な国に対する売上高（連結損益計算書の売上高の10%以上）がある場合には，これを区分することとなります。
- ▶国内に存在している有形固定資産の額と，海外に存在している有形固定資産の額。後者のうち主要な国に存在する有形固定資産（連結貸借対照表の有形固定資産の10%以上）が存在する場合には，これを区分することとなります。

  なお，国内の外部顧客への売上高に分類した金額が，連結損益計算書の売上高の90%超となる場合には，その旨を開示することで，地域に関する情報の開示を省略することが可能であり，有形固定資産の取扱いも同様です。

⑧ 主要な顧客とは，単一の外部顧客への売上高が，連結損益計算書の売上高の10%以上である場合をいい，以下の事項を開示します。
- ▶その旨
- ▶主要な顧客の名称又は氏名
- ▶主要な顧客への売上高
- ▶主要な顧客との取引に関連する主な報告セグメントの名称

⑨ 連結損益計算書において固定資産に係る減損損失を計上している場合には，減損損失の金額について，報告セグメント別の内訳を開示することが必要となります。

⑩ 連結損益計算書においてのれん償却額（又は負ののれん償却額）を計上している場合には，のれん（又は負ののれん）の償却額及び未償却残高について，報告セグメント別の内訳を開示することが必要となります。

## §24　関連当事者取引の開示

> ◇ 関連当事者には,連結財務諸表提出会社の役員や主要株主,親会社,子会社等が含まれる。
> ◇ 会社と関連当事者との取引のうち,重要な取引については注記によって会社と関連当事者との関係や取引内容等を開示する必要がある。
> ◇ 関連当事者との取引が,重要な取引に該当するか否かの判断基準については,関連当事者が法人か個人かによって異なるものとなっている。

　関連当事者とは,連結財務諸表提出会社の役員や主要株主,親会社,子会社等をいいます。会社と関連当事者との間の取引については,会社が関連当事者の意思決定に対して影響を与えることができる立場にあるため,他の一般的な取引とは異なる条件によって取引が行われる可能性があります。一方,連結財務諸表においては関連当事者との取引が他の取引先と集約して開示されているため,財務諸表利用者側で,関連当事者取引が会社の財政状態や経営成績に与えている影響を判断することは困難であるといえます。

　これらの状況を解消し,財務諸表利用者に関連当事者取引が会社の財政状態や経営成績に与えている影響に関する情報を提供することを目的として,関連当事者取引の開示が必要となります。

## 1. 関連当事者の範囲及び開示対象となる関連当事者取引

関連当事者の開示に関する会計基準では，関連当事者の範囲を以下のとおり定めており，会社と関連当事者との取引のうち重要な取引については開示対象となります。

重要性の判断では関連当事者を法人や個人，支配や被支配の違い及び影響力の度合などに基づいて4つのグループに区分し，グループ毎に重要性の判断基準を定めています。

図表24-1　関連当事者の区分（4区分）

| グループ | 該当する関連当事者 |
| --- | --- |
| Ⅰ．親会社及び法人主要株主等<br>（財務諸表作成会社の上位に位置する法人のグループ） | a) 親会社<br>b) 財務諸表作成会社が他の会社の関連会社である場合の当該他の会社及び当該他の会社の親会社<br>c) 財務諸表作成会社の主要株主（法人） |
| Ⅱ．関連会社等<br>（財務諸表作成会社の下位に位置する法人のグループ） | a) 子会社<br>b) 関連会社及び当該関連会社の子会社<br>c) 従業員のための企業年金 |
| Ⅲ．兄弟会社等<br>（財務諸表作成会社の上位に位置する法人の子会社のグループ） | a) 財務諸表提出会社と同一の親会社をもつ会社<br>b) その他の関係会社の子会社<br>c) 財務諸表作成会社の主要株主（法人）が議決権の過半数を自己の計算において所有している会社及びその子会社 |
| Ⅳ．役員及び個人主要株主等 | a) 財務諸表作成会社の主要株主（個人）及びその近親者<br>b) 財務諸表作成会社の役員及びその近親者<br>c) 財務諸表作成会社の親会社の役員及びその近親者<br>d) 重要な子会社の役員及びその近親者<br>e) a～dに掲げる者が議決権の過半数を自己の計算において所有している会社及びその子会社 |

### <重要性の判断基準>

① 関連当事者が法人の場合(上記関連当事者の区分のⅠ～Ⅲに該当)

| 種類 | 科　　目 | 開示対象となる取引 |
|---|---|---|
| 連結<br>損益計算書 | 売上高,売上原価,販売費及び一般管理費 | 売上高又は売上原価と販売費及び一般管理費合計額の 10% を超える取引 |
|  | 営業外収益,営業外費用 | 営業外収益又は営業外費用の合計額の 10% を超える取引[1)2)] |
|  | 特別利益,特別損失 | 1,000 万円を超える損益に係る取引[1)2)] |
| 連結<br>貸借対照表 | 各科目の残高,注記事項 | 総資産の 1% を超える取引 |
|  | 資金貸借取引,有形固定資産や有価証券の購入・売却取引等 | 取引発生総額が総資産の 1% を超える取引[3)] |
|  | 事業の譲受又は譲渡 | 譲受又は譲渡の対象となる資産又は負債の総額のいずれか大きい額が,総資産の 1% を超える取引 |

1) 取引総額を開示し,取引総額と損益が相違する場合には損益を併せて開示します。
2) 取引総額が,税金等調整前当期純損益又は税金等調整前当期純損失の最近 5 年間の平均の 10% 以下となる場合には開示の必要はありません。
3) 取引が反復的に行われている場合や,発生総額の把握が困難な場合には,期中の平均残高が総資産の 1% を超える取引を開示することも可能です。


② 関連当事者が個人の場合(上記関連当事者の区分のⅣに該当)

1,000 万円を超える取引がすべて開示対象となります。

ただし,役員若しくはその近親者が,他の法人の代表者を兼務しており,当該役員等がその法人の代表者として会社と取引を行う場合には法人グループとの取引としての取扱いとなります。

関連当事者取引の範囲を決定する場合の留意点は,下記のとおりです。

① 無償取引や低廉な価格での取引については,独立第三者間取引であったと仮定した場合の金額を見積り,重要性の判断を行います。
② 形式的には第三者を経由した取引であっても,実質上の相手方が関連当事者であることが明確な場合には開示対象となります。
③ 以下の取引については,開示対象には含めません。
  ▶一般競争入札による取引
  ▶預金利息及び配当金の受取
  ▶その他取引の性質からみて,取引条件が一般の取引と同様であることが明白な取引
  ▶役員に対する報酬,賞与及び退職慰労金の支払い
  ▶会社と役員との取引のうち,当該役員が従業員としての立場で行っていることが明らかな取引(例えば,使用人兼務役員が会社の福利厚生制度による融資を受ける場合等)

## 2. 開示項目

開示対象となる関連当事者取引がある場合には,原則として,個々の関連当事者毎に,以下の項目を開示します。
① 関連当事者の概要
② 会社と関連当事者との関係
③ 取引の内容
④ 取引種類毎の取引金額
⑤ 取引条件及び取引条件の決定方針
⑥ 取引により発生した債権債務に係る主な科目別の期末残高

⑦ 取引条件の変更があった場合には，その旨，変更の内容及び当該変更が連結財務諸表に与えている影響の内容
⑧ 関連当事者に対する貸倒懸念債権及び破産更生債権等に係る情報

また，連結財務諸表作成会社に，親会社又は重要な関連会社が存在する場合には，以下の項目を開示します。
① 親会社が存在する場合には，親会社の名称等
② 重要な関連会社が存在する場合には，その名称及び当該関連会社の要約財務情報

# §25 連結包括利益計算書

> ◇「包括利益」とは,ある企業の特定期間の財務諸表において認識された純資産の変動額のうち,当該企業の純資産に対する持分所有者との直接的な取引によらない部分をいう。
> ◇ 当期純利益に,その他の包括利益の内訳項目を加減することで包括利益を表示する。
> ◇ 連結包括利益計算書の形式として,当期純利益の表示と包括利益の表示を1つの計算書「連結損益及び包括利益計算書」で行う形式(1計算書方式)と,当期純利益を表示する「連結損益計算書」と,包括利益を表示する「連結包括利益計算書」からなる形式(2計算書方式)がある。

　包括利益の表示については,IFRS(国際財務報告基準)とのコンバージェンスの一環として,平成22年6月30日に「包括利益の表示に関する会計基準」が公表されており,連結財務諸表については,平成23年3月31日以降終了する連結会計年度から適用が開始されています。

　包括利益の表示は,期中に認識された取引及び経済的事象(資本取引を除く)によって生じた純資産の変動を開示することを目的としており,投資家等の財務諸表利用者が企業全体の事業活動を把握するのに役立つとともに,純資産と包括利益のクリーン・サープラス関係(資本取引を除く資本の増減が,利益と等しくなる関係)を

明示することで,財務諸表の理解を高めることが可能となります。

また,平成25年改正会計基準では,従来の「少数株主損益調整前当期純利益」が「当期純利益」に変更されたことに伴い,連結損益及び包括利益計算書又は連結損益計算書の純損益計算の区分の表示方法についても変更を行っています。主な変更点は,以下のとおりです(詳細については,「第Ⅱ部　実務編　序章　平成25年改正連結会計基準の概要」を参照して下さい)。

| 項目 | 改正前 | 改正後 |
|---|---|---|
| 連結財務諸表の表示関係 | | |
| 子会社の資本のうち,親会社に帰属しない部分 | 少数株主持分 | 非支配株主持分 |
| 支配獲得後における子会社の損益のうち親会社に帰属しない部分 | 少数株主損益 | 非支配株主に帰属する当期純利益 |
| 税金等調整前当期純利益から法人税等を控除した差額 | 少数株主損益調整前当期純利益 | 当期純利益 |

包括利益に関する会計基準においては,「包括利益」及び「その他の包括利益」について以下のとおり定義しています。

> 4.「包括利益」とは,ある企業の特定期間の財務諸表において認識された純資産の変動額のうち,当該企業の純資産に対する持分所有者との直接的な取引によらない部分をいう。
> 　当該企業の純資産に対する持分所有者には,当該企業の株主のほか当該企業の発行する新株予約権の所有者が含まれ,連結財務諸表においては,当該企業の子会社の非支配株主も含まれる。
> 5.「その他の包括利益」とは,包括利益のうち当期純利益に含まれない部分をいう。連結財務諸表におけるその他の包括

《開示例》
**【2計算書方式】**

<連結損益計算書>　（改正後）
売上高　　　　　　　　　　　　　　　　　　10,000
・・・
税金等調整前当期純利益　　　　　　　　　　 2,200
法人税等　　　　　　　　　　　　　　　　　　　900
当期純利益　　　　　　　　　　　　　　　　 1,300
非支配株主に帰属する当期純利益　　　　　　　　300
親会社株主に帰属する当期純利益　　　　　　 1,000

<連結包括利益計算書>
当期純利益　　　　　　　　　　　　　　　　 1,300
その他の包括利益：
　その他有価証券評価差額金　　　　　　　　　 530
　繰延ヘッジ損益　　　　　　　　　　　　　　 300
　為替換算調整勘定　　　　　　　　　　　　△180
　持分法適用会社に対する持分相当額　　　　　　50
　　その他の包括利益合計　　　　　　　　　　 700
包括利益　　　　　　　　　　　　　　　　　 2,000
（内訳）
親会社株主に係る包括利益　　　　　　　　　 1,600
非支配株主に係る包括利益　　　　　　　　　　 400

<連結損益計算書>　（改正前）
売上高　　　　　　　　　　　　　　　　　　 1,000
・・・
税金等調整前当期純利益　　　　　　　　　　 2,200
法人税等　　　　　　　　　　　　　　　　　　　900
少数株主損益調整前当期純利益　　　　　　　 1,300
少数株主利益　　　　　　　　　　　　　　　　 300
当期純利益　　　　　　　　　　　　　　　　 1,000

<連結包括利益計算書>
少数株主損益調整前当期純利益　　　　　　　 1,300
その他の包括利益：
　その他有価証券評価差額金　　　　　　　　　 530
　繰延ヘッジ損益　　　　　　　　　　　　　　 300
　為替換算調整勘定　　　　　　　　　　　　△180
　持分法適用会社に対する持分相当額　　　　　　50
　　その他の包括利益合計　　　　　　　　　　 700
包括利益　　　　　　　　　　　　　　　　　 2,000
（内訳）
親会社株主に係る包括利益　　　　　　　　　 1,600
少数株主に係る包括利益　　　　　　　　　　　 400

## §25 連結包括利益計算書

【1計算書方式】

<連結損益及び包括利益計算書>　（改正後）

| | |
|---|---:|
| 売上高 | 10,000 |
| ︙ | |
| 税金等調整前当期利益 | 2,200 |
| 法人税等 | 900 |
| 当期純利益 | 1,300 |
| （内訳） | |
| 親会社株主に帰属する当期純利益 | 1,000 |
| 非支配株主に帰属する当期純利益 | 300 |
| | |
| その他の包括利益： | |
| その他有価証券評価差額金 | 530 |
| 繰延ヘッジ損益 | 300 |
| 為替換算調整勘定 | △180 |
| 持分法適用会社に対する持分相当額 | 50 |
| その他の包括利益合計 | 700 |
| 包括利益 | 2,000 |

（内訳）
| | |
|---|---:|
| 親会社株主に係る包括利益 | 1,600 |
| 非支配株主に係る包括利益 | 400 |

<連結損益及び包括利益計算書>　（改正前）

| | |
|---|---:|
| 売上高 | 10,000 |
| ︙ | |
| 税金等調整前当期純利益 | 2,200 |
| 法人税等 | 900 |
| 少数株主損益調整前当期純利益 | 1,300 |
| 少数株主利益（控除） | 300 |
| 当期利益 | 1,000 |
| | |
| 少数株主利益（加算） | 300 |
| 少数株主損益調整前当期純利益 | 1,300 |
| その他の包括利益： | |
| その他有価証券評価差額金 | 530 |
| 繰延ヘッジ損益 | 300 |
| 為替換算調整勘定 | △180 |
| 持分法適用会社に対する持分相当額 | 50 |
| その他の包括利益合計 | 700 |
| 包括利益 | 2,000 |

（内訳）
| | |
|---|---:|
| 親会社株主に係る包括利益 | 1,600 |
| 少数株主に係る包括利益 | 400 |

> 利益には，親会社株主に係る部分と非支配株主に係る部分が含まれる。

　包括利益を表示する際には，当期純利益にその他の包括利益の内訳項目を加減しますが，その他の包括利益は，内容に基づいて，その他有価証券評価差額金，繰延ヘッジ損益，為替換算調整勘定等に区分し，税効果を控除した後の金額で表示することとなります。ただし，各項目を税効果の控除前の金額で表示し，それらに関連する税効果の金額を一括して控除することも可能です。

　また，包括利益を表示する計算書は，次のいずれかの形式によります。なお，連結財務諸表においては，包括利益のうち親会社株主に係る金額及び非支配株主に係る金額を付記する必要があります。

▶1計算書方式

　当期純利益の表示と包括利益の表示を1つの計算書「連結損益及び包括利益計算書」で行う形式。

▶2計算書方式

　当期純利益を表示する「連結損益計算書」と，包括利益を表示する「連結包括利益計算書」からなる形式。

# 第Ⅱ部

# 実務編

# 序章 平成25年改正連結会計基準の概要

平成25年9月13日付けで「連結財務諸表に関する会計基準」（企業会計基準第22号）が改正されています。

《実務上のポイント》

「連結財務諸表に関する会計基準」（企業会計基準第22号（最終改正平成25年9月13日））等の改正の内容は，以下のとおりである。

| 項　目 | 改正前 | 改正後 |
|---|---|---|
| (1) 連結財務諸表の表示関係 | | |
| 子会社の資本のうち，親会社に帰属しない部分 | 少数株主持分 | 非支配株主持分 |
| 支配獲得後における子会社の損益のうち親会社に帰属しない部分 | 少数株主損益 | 非支配株主に帰属する当期純利益 |
| 税金等調整前当期純利益から法人税等を控除した差額 | 少数株主損益調整前当期純利益 | 当期純利益 |

| 項　　目 | 改正前 | | 改正後 | |
|---|---|---|---|---|
| (2)　会計処理関連 | | | | |
| 非支配株主との取引によって生じた親会社の持分変動<br>（親会社と子会社の支配関係が継続している場合に限る） | 子会社株式の追加取得 | 損益取引 | 子会社株式の追加取得 | 資本取引 |
| | 子会社株式の一部売却 | | 子会社株式の一部売却 | |
| | 子会社の時価発行増資等 | | 子会社の時価発行増資等 | |
| 非支配株主との取引によって生じた親会社の持分変動による差額 | 追加取得 | のれん | 追加取得 | 資本剰余金 |
| | 他の場合 | 損益 | 他の場合 | |
| 子会社に対する支配が継続している場合における子会社株式の一部売却時ののれんの未償却額の取扱い | 親会社の持分の減少に対するのれんの未償却額を減額する。 | | のれんの未償却額は減額しない | |

《解説》

# 1．連結財務諸表の表示関係の変更点について

## (1)　従来の「少数株主持分」及び「少数株主損益」の表示について

　連結財務諸表における「少数株主持分」の表示は，「非支配株主持分」へと変更されました。また，連結財務諸表における「少数株主損益」は「非支配株主に帰属する当期純利益」へと変更されました。

　これは，他の企業の議決権の過半数を所有していない株主であっても，他の会社を支配し親会社となることがあり得るため，より正確な表現とすることを目的としたものです。

## (2) 従来の「少数株主損益調整前当期純利益」の表示について

　連結財務諸表における「少数株主損益調整前当期純利益」の表示は,「当期純利益」へと変更されました。

　これは,連結財務諸表の表示を国際的な会計基準と同様に行うことにより,比較可能性の向上を図ることを目的としたものです。すなわち,これまでの日本の連結財務諸表制度では,連結基礎概念として「親会社説」の考え方が採用されており,この考え方においては,連結財務諸表における当期純利益とは,少数株主損益調整前当期純利益から少数株主利益を控除した利益(つまり,親会社に帰属する利益)が相当するものであると考えていました。一方,IFRSに代表される国際的な会計基準においては,連結基礎概念として「経済的単一体説」の考え方を採っています。経済的単一体説の考え方においては,連結財務諸表における当期純利益とは,少数株主損益も含めた企業集団全体の利益が相当すると考えています。したがって今回の改正は,連結財務諸表が示す当期純利益の概念を「親会社に帰属する利益」から国際的な会計基準に合わせて「少数株主損益も含めた企業集団全体の利益」に変更したことになります。

　ただし,親会社株主に係る成果とそれを生み出す原資に関する情報は投資家の意思決定に引き続き有用であると考えられることから,親会社株主に帰属する当期純利益を区分して内訳表示又は付記するとともに,従来と同様に親会社株主に帰属する株主資本のみを株主資本として表示する(つまり,非支配株主持分は株主資本には含まれない)こととしました。

　このことから,平成25年改正連結会計基準においては,連結財務諸表は親会社株主のために作成されるべきという考え方である「親会社説」を従来どおり踏襲しながらも,連結財務諸表は親会社

株主と非支配株主を区分せず企業集団の株主のために作成されるべきという考え方である「経済的単一体説」の考え方を取り入れたといえます。

## 2. 会計処理に関する変更点について

### (1) 非支配株主との取引によって生じた親会社の持分変動及び当該差額の処理について

親会社株主の視点を重視する「親会社説」を踏襲した従来の会計処理方法においては，子会社株式の追加取得，一部売却等の支配獲得後の持分変動は損益取引とみなされ，損益が認識されます。これは，親会社説の考え方によれば，非支配株主との取引は企業と企業集団外部との取引であり，当該取引により生じた差額は企業と企業外部の第三者との通常の取引と同様に損益である，と考えられるためです。しかし，当該会計処理については，以下のような実務上の課題が指摘されてきました。

▶連結子会社による当該連結子会社の自己株式の取得と処分又は非支配株主への第三者割当増資が繰り返された場合，親会社の投資に生じている評価益のうち，持分比率が上がった部分はのれんに計上され，持分比率が下がった部分は損益に計上される。

▶連結財務諸表上，支配獲得時に子会社の資産及び負債を全面的に評価替えしている限り，自社の株式を対価とする追加取得では，その前後において資産及び負債に変化はないが，追加的なのれんが計上され，当該のれんの償却がその後の利益に影響する。

▶子会社の時価発行増資等に伴い生ずる親会社の持分変動差額は，損益として処理することを原則とするが，利害関係者の判

断を著しく誤らせるおそれがあると認められる場合には，利益剰余金に直接加減することができる。

　このような指摘に対して最も簡潔に対応する方法が，損益を計上する取引の範囲を狭めることであり，上記の点を総合的に勘案した結果，非支配株主との取引によって生じた親会社の持分変動による差額は資本剰余金とされました。

　当該処理は一方で，子会社株式の追加取得，一部売却等の支配獲得後の持分変動は資本取引とみなされ，損益は認識しないという「経済的単一体説」の考え方を取り入れたともいえます（「経済的単一体説」の考え方においては，非支配株主との取引は企業集団内部での取引であると考えるため，当該取引は損益取引ではなく，株主との資本取引であると捉えられます）。

### (2) のれんの未償却額の取扱い

　子会社に対する支配が継続している場合における子会社株式の一部売却時ののれんの未償却額については，従来は一部売却に伴う親会社持分の減少に対応するのれんの未償却額を減額する処理が要請されていましたが，平成25年改正ではこれを減額しないこととなりました。

　支配獲得後は支配が継続している限り，償却や減損を除き，のれんを減額すべきではないという考え方に基づく意見のほか，支配獲得後の追加取得時にはのれんが追加計上されないにも関わらず，一部売却時にのれんを減額すると，追加取得時の会計処理との整合した取扱いにはならないという意見もあり，また，のれんを減額する場合における実務上の負担や，のれんを減額しないこととしている

国際的な会計基準における取扱い(「経済的単一体説」の考えにおいては,子会社に対する支配が継続している限り,子会社株式の一部売却は資本取引であり,当該取引からは損益は発生させるべきではない,と考えます)等を総合的に勘案した結果,この様な取り扱いに変更されたものです。

### (3) 適用時期について

平成25年改正事項についての適用時期は,以下のとおりです。

|  | 適用時期 | 早期適用 | 経過措置 |
|---|---|---|---|
| 会計処理に関する変更 | 平成27年(2015年)4月1日以後開始する連結会計年度の期首から適用する。 | 平成26年(2014年)4月1日以後開始する連結会計年度の期首から適用することができる。 | 新たな会計方針を遡及適用した場合の累積的影響額を期首の剰余金に加減する。ただし,新たな会計方針を期首から将来にわたって適用することができる。 |
| 表示関係の変更 | 同　　上 | 早期適用不可 | 過去の連結財務諸表の表示の組替えを行う。 |

### (4) 将来の改正の方向性

今回の改正により,従来の親会社説の考え方を踏襲しながらも経済的単一体説の考え方を部分的に取り入れることでIFRSとのコンバージェンスがかなり進展した状況となりました。しかし,下記事項に関しては今回の改正においては見送られています。今後,さらなるコンバージェンスが進められる際には,当該事項が検討課題に挙がってくるものと考えられます。

① のれんについて,IFRSと同様に「非償却」とすべきかどうかについては審議されていましたが,現状では,市場関係者の合意形成が十分に図られていない状況にあるなどの理由から,

今回の改正は見送られています。
② 子会社に対する支配が喪失した場合の残存の投資に係る会計処理について国際的な会計基準との差異が存在しますが，事業分離等会計基準等の他の会計基準にも影響する横断的な論点であるなどの理由から，今回の改正は見送られています。
③ 全部のれん方式の採用の可否，条件付取得対価の取扱い，企業結合に係る特定勘定の取扱い等については，改正することにより財務報告の改善を図ることとなるか否かについて意見が分かれているものや，改正の必要性や適時性は乏しいという意見が大半を占めているものであるため，今回の改正は見送られています。
④ 子会社株式を一部売却して関連会社となった場合には，従来と同様に残存する投資（関連会社株式）は，持分法評価額に修正する必要がありますが，追加取得又は一部売却で計上された資本剰余金は取り崩されないため，これに対する部分を持分法評価額に修正する際に「売却持分に対応する投資の修正額」に含めざるをえず，損益が生じます。このように，連結と持分法による会計処理は，その親会社株主に帰属する当期純利益や純資産に与える影響が異なることがあります。特に，改正連結基準が「経済的単一体説」の考え方を取り入れたことにより，「親会社説」の考え方に基づく持分法との間には，大きな乖離が生じたといえます。

# 第1章 資本連結

## Q1 基本的な資本連結の会計処理

***Question***

◆当社はS社株式の70%を当期に取得しました。この場合に必要となる連結上の手続きについて教えて下さい。

《実務上の ポイント 》
- ▶支配獲得日に連結上で子会社の資産及び負債を時価評価する。
- ▶子会社の資産及び負債の時価評価後における純資産と親会社による投資とを相殺消去する。
- ▶子会社の純資産のうち非支配株主に帰属する部分は非支配株主持分に振り替える。

### 1. 基本的な資本連結の会計処理の留意点

ある企業が他の企業の支配を獲得した場合には、被支配会社を子会社として連結財務諸表の作成を行います。このとき、子会社の資

産及び負債は支配獲得日の時価で評価することが必要となります。これは，子会社の支配の獲得という行為が親会社による新規の投資と実質的に同じであると考えられるため，通常の固定資産の取得等と同様に，取得時にはその時の時価で評価することになります。

その後，親会社の財務諸表と時価評価された子会社の財務諸表とを単純合算します。この時点では，単純合算した財務諸表上に親会社の保有する子会社株式と，子会社の純資産がともに計上されており，子会社への投資が二重に計上されていることになります。

このため，親会社保有の子会社株式と，子会社の純資産とを相殺消去する連結修正仕訳が必要となります。

なお，親会社による子会社への投資は，子会社の株式の100%を取得する場合だけではありません。子会社株式の100%を取得しない場合には，子会社には親会社の他に株主（非支配株主）が存在することになります。この場合には，子会社の純資産には非支配株主に帰属する部分が存在するため，当該部分を非支配株主持分として振り替える連結修正仕訳が必要となります。

## 2. 設　例

【設例1-1】
×2年3月31日に，P社はS社を連結子会社とした。次の前提条件を基に，×2年3月期の連結仕訳を答えなさい。

＜前提条件＞
① P社は×2年3月31日にS社株式840株（持分割合70%）を総額102,760で購入し，S社を連結子会社としている。

② ×2年3月31日のS社の財務諸表は下記のとおりである。

| 資　　産 | 215,460 | 負　　債 | 68,900 |
|---|---|---|---|
| （内，土地900） | | 資　本　金 | 20,000 |
| | | 資本剰余金 | 10,000 |
| | | 利益剰余金 | 116,560 |

＊資産のうち，土地（簿価900）の時価は1,300となっている。

③　法定実効税率は40%とする。

### 【解答・解説】

1．S社資産負債の時価評価

| 土　　地 | 400 | 評価差額 | 240*1 |
|---|---|---|---|
| | | 繰延税金負債 | 160 |

＊1　(1,300（時価評価額）− 900（簿価））×(1−40%（実効税率))＝240

2．投資と資本の相殺消去

| 資　本　金 | 20,000 | S社株式 | 102,760 |
|---|---|---|---|
| 資本剰余金 | 10,000 | 非支配株主持分 | 44,040*2 |
| 利益剰余金 | 116,560 | | |
| 評価差額 | 240 | | |

＊2　S社純資産（20,000＋10,000＋116,560＋240（資本金＋資本剰余金＋利益剰余金＋評価差額））×非支配株主持分割合30%＝44,040

## Q2　親会社による投資と子会社の純資産との差額

◆当社はS社株式の70%を当期に取得しました。ところで，連結財務諸表を作成するに際し，親会社による投資

と子会社の時価評価後の純資産を相殺しようとすると差額が生じてしまいます。この場合に必要となる連結上の手続きについて教えて下さい。

《実務上の ポイント 》
▶取得原価が子会社の時価評価後の純資産を上回る場合はのれんを資産計上し，20年以内のその効果が及ぶ期間にわたって償却する。下回る場合は負ののれんとして発生時に一括利益計上を行う。
▶負ののれんが生じると見込まれる場合は，被取得企業の資産及び負債の認識及び評価が適切か否か，再度検討する必要がある。
▶企業結合年度において子会社の繰延税金資産の回収可能額を見直した場合は，のれん又は負ののれんの額を修正する。

## 1．親会社による投資と子会社の純資産との差額の留意点

連結財務諸表を作成する際に，親会社による子会社への投資額と子会社の時価評価後の純資産の額との間に差額が生じることがあります。

この場合，親会社による子会社への投資額が子会社の時価評価後の純資産の額を上回る場合は「のれん」として資産計上し，20年以内のその効果が及ぶ期間にわたって償却します。逆に下回る場合は「負ののれん」として発生時に一括利益認識します。

ただし，負ののれんが発生するということは，子会社の純資産の時価よりも割安で購入できたということを意味し，通常は想定されにくい状況であることから，負ののれんが生じる見込みのときは，子会社の資産及び負債の認識及び測定が適切に行われているか否か

を見直し，それでもなお負ののれんが生じる場合には，これを一括して収益計上を行うこととなる点に注意が必要です。

また，子会社で計上する繰延税金資産について企業結合年度においてその回収見込額を修正する場合は，企業結合日におけるのれん又は負ののれんの額を修正します。

企業結合年度の翌年に同様の修正を行う場合でも，企業結合日から1年以内であり，その修正が明らかに企業結合年度における繰延税金資産の回収見込み額の修正と考えられるときは，企業結合日におけるのれん又は負ののれんの額を修正します。

## 2. 設　例

【設例1-2】
×1年9月30日に，P社はS社を連結子会社とした。次の前提条件を基に，×1年9月期及び×2年3月期の連結仕訳を答えなさい。

＜前提条件＞
① P社は×1年9月30日にS社株式840株（持分割合70%）を総額125,000で購入しS社を連結子会社としている。
② ×1年9月30日のS社の財務諸表は下記のとおりである。

| 資　産 | 218,900 | 負　債 | 68,900 |
|---|---|---|---|
| （内，繰延税金資産20,000） | | 資　本　金 | 20,000 |
| | | 資本剰余金 | 10,000 |
| | | 利益剰余金 | 120,000 |

③ ×2年3月31日のS社の財務諸表は下記のとおりである。

| 資　　産　　　　228,900 （内，繰延税金資産 30,000） | 負　　債　　　　68,900 |
|---|---|
| | 資　本　金　　　20,000 |
| | 資本剰余金　　　10,000 |
| | 利益剰余金　　　130,000 |

＊繰延税金資産について回収可能額を見直した結果，企業結合日より10,000増加している。

④ のれんは発生年度の翌年より10年間で均等償却を行う。

## 【解答・解説】

×1年9月期

1．投資と資本の相殺消去

| 資　本　金 | 20,000 | 子会社株式 | 125,000 |
|---|---|---|---|
| 資本剰余金 | 10,000 | 非支配株主持分 | 45,000＊1 |
| 利益剰余金 | 120,000 | | |
| の　れ　ん | 20,000 | | |

＊1　S社純資産(20,000＋10,000＋120,000(資本金＋資本剰余金＋利益剰余金))
×非支配株主持分割合30％＝45,000

×2年3月期

2．S社個別財務諸表の修正

| 法人税等調整額 | 10,000 | 繰延税金資産 | 10,000 |
|---|---|---|---|
| 繰延税金資産 | 10,000 | 評価差額 | 10,000 |

S社の繰延税金資産の増加は企業結合年度の回収見込額の修正によるものであるため，企業結合日におけるS社純資産の修正として処理する。

3．投資と資本の相殺消去

| 資　本　金 | 20,000 | 子会社株式 | 125,000 |
|---|---|---|---|
| 資本剰余金 | 10,000 | 非支配株主持分 | 45,000 |
| 利益剰余金 | 120,000 | | |
| 評価差額 | 10,000 | | |
| の　れ　ん | 10,000 | | |

S社の繰延税金資産の回収見込額の修正により、企業結合日におけるのれんの額が修正される。

4. のれんの償却

| のれん償却額 | 500*2 | のれん | 500 |

*2 修正後ののれんをもとに償却を行う。修正後ののれん 10,000 ÷ 10 年 × 6 ÷ 12 = 500

## Q3 子会社資産及び負債時価評価における無形資産の認識

===== Question =====

◆当社はS社株式の70%を当期に取得しました。当社は、S社の持つデータベースに大きな価値を見出していますが、S社は当該データベースを会計上は資産として認識していません。この場合に必要となる連結上の手続きについて教えて下さい。

《実務上のポイント》

▶子会社の資産及び負債の時価評価を行う範囲には、分離して譲渡可能な無形資産も含まれる。

▶特定の無形資産の獲得を目的とした企業結合においては、当該無形資産を資産として認識する。

▶無形資産の合理的な価格の算定方法について詳細な検討が必要となる。

## 1. 子会社資産及び負債時価評価における無形資産の認識

ある企業が他の企業の支配を獲得した場合には，資本連結の処理において，当該被支配会社の資産及び負債は支配獲得日の時価で評価されます。

その際，被支配会社が分離して譲渡可能な無形資産を有している場合には，当該無形資産について，合理的に算定した価格で資産として認識します。

ここで分離して譲渡可能な無形資産とは，受け入れた資産を譲渡する意思が取得企業にあるか否かにかかわらず，企業又は事業と独立して売買可能な無形資産をいい，当該無形資産の独立した価格を合理的に算定できなければならないとされています。

なお，特定の無形資産に着目して企業結合が行われた場合など，企業結合の目的の1つが特定の無形資産の獲得であり，その無形資産の金額が重要であると見込まれる場合には，当該無形資産は分離して譲渡可能なものとして取り扱うとされています。


## 2. 設　例

【設例1-3】
×2年3月31日に，P社はS社を連結子会社とした。次の前提条件を基に，×2年3月期の連結仕訳を答えなさい。

<前提条件>
① P社は×2年3月31日にS社株式840株（持分割合70％）を総額147,000で購入しS社を連結子会社としている。

② ×2年3月31日のS社の財務諸表は，下記のとおりである。

| 資　　産 | 218,900 | 負　　債 | 68,900 |
|---|---|---|---|
| | | 資　本　金 | 30,000 |
| | | 利益剰余金 | 120,000 |

③ P社はS社のもつデータベースに大きな価値を見出しており，その合理的な価格は100,000であると見込んでいる。
④ S社は上記のデータベースを会計上資産として認識していない。
⑤ 法定実効税率は40%とする。

【解答・解説】
1．S社資産負債の時価評価

| 無形固定資産 | 100,000 | 評価差額 | 60,000[*1] |
|---|---|---|---|
| | | 繰延税金負債 | 40,000 |

　*1　S社の持つデータベースの評価額 100,000×(1－40%(実効税率))＝60,000

2．投資と資本の相殺消去

| 資本金 | 30,000 | S社株式 | 147,000 |
|---|---|---|---|
| 利益剰余金 | 120,000 | 非支配株主持分 | 63,000[*2] |
| 評価差額 | 60,000 | | |

　*2　S社純資産(30,000＋120,000＋60,000(資本金＋利益剰余金＋評価差額))
　　　×非支配株主持分割合30% ＝ 63,000

## Q4 段階的な取得による子会社の支配獲得

―― *Question* ――

◆当社はS社株式の10%を保有していますが、当期においてS社株式の60%を追加取得しS社を連結子会社とすることとしました。この場合、連結上どのような会計処理を行うか教えて下さい。

《実務上の ポイント 》
▶支配獲得と同時に、投資の本質が変わる。
▶支配を獲得するに至った個々の取引すべてにつき支配獲得日における時価により再評価し、被取得企業の取得原価とする。
▶段階取得にともない親会社の個別財務諸表に計上されている子会社株式の金額と親会社の子会社に対する投資との間に差異が生じる場合には、当該差額を段階取得に係る損益として処理する。

### 1. 段階的な取得による子会社の支配獲得の留意点

 段階的な取得により子会社の支配を獲得した場合には、支配の獲得時点において当該企業が企業集団に含まれることになるため、当該企業に対する投資は、それ以前とは本質（投資の性質）が変わったと考えます。したがって、支配獲得時に保有している株式を支配獲得時の時価で再評価し、これを被取得企業の取得原価とします。
 このとき、支配を獲得するに至った個々の取引ごとの原価の合計

額と被取得企業の取得原価との差額を「段階取得に係る損益」として認識します。そして，上記の被取得企業の取得原価をもとに資本連結手続を行います。

## 2. 設　例

**【設例1-4】**
　×2年3月31日に，P社はS社株式の追加取得によりS社を連結子会社とした。次の前提条件を基に，×2年3月期の連結仕訳を答えなさい。

＜前提条件＞
① ×1年3月31日にP社はS社株式120株（持分割合10%）を総額12,000で購入している。
② P社は×2年3月31日に720株（持分割合60%）を総額93,600で追加購入しS社を連結子会社としている（保有割合70%）。なお，支配獲得日のS社株式の時価は1株当たり130である。
③ ×2年3月31日のS社の財務諸表は下記のとおりである。

| 資　産 | 215,460 | 負　債 | 68,900 |
|---|---|---|---|
| （内，土地900） | | 資　本　金 | 20,000 |
| | | 資本剰余金 | 10,000 |
| | | 利益剰余金 | 116,560 |

＊資産のうち，土地（簿価900）の時価は1,300となっている。

④ 法定実効税率は40%とする。

**【解答・解説】**
1. S社資産負債の時価評価

| 土　　地 | 400 | 評価差額 | 240＊1 |
|---|---|---|---|
| | | 繰延税金負債 | 160 |

　＊1　（1,300（時価評価額）－900（簿価））×（1－40%（実効税率））＝240

## 2. 支配獲得時の時価への洗い替え

| 子会社株式 | 3,600 | / | 段階取得に係る差益 | 3,600*² |
|---|---|---|---|---|

*2 ×1年3月31日に購入した子会社株式120株について支配獲得日の時価(130)により評価し，帳簿価額との差額を段階取得にかかる損益とする。(130×120株)−12,000(帳簿価額)=3,600

この時点でP社の保有するS社株式は109,200（=130×840株）となり，これがS社を連結する上でのP社の投資対価となる。

## 3. 投資と資本の相殺消去

| 資 本 金 | 20,000 | 子会社株式 | 109,200*³ |
|---|---|---|---|
| 資本剰余金 | 10,000 | 非支配株主持分 | 44,040*⁴ |
| 利益剰余金 | 116,560 | | |
| 評価差額 | 240 | | |
| の れ ん | 6,440*⁵ | | |

*3 P社のS社への投資対価（130×840株=109,200）
*4 S社純資産（20,000+10,000+116,560+240（資本金+資本剰余金+利益剰余金+評価差額））×非支配株主持分割合30%=44,040
*5 貸借差額

# Q5 子会社株式の追加取得

*Question*

◆当社は70%を保有していたS社株式を10%追加取得し，当社の持分割合を80%としました。この場合に必要となる連結上の手続きについて教えて下さい。

《実務上の ポイント 》
▶子会社株式の追加取得時には子会社の時価評価は行わない。
▶追加取得持分相当額と購入対価との差額は資本剰余金として処理する。

## 1．子会社株式の追加取得の留意点

　株式を新規取得して子会社化した際には，子会社の支配の獲得という行為が親会社による新規の投資と実質的に同じであると考えられるため，通常の固定資産等の取得時と同様，取得時に子会社の資産及び負債をその時の時価で評価しました（本章Q1参照）。

　一方，子会社株式を追加取得する場合は，既に支配を獲得している子会社の株式の追加取得であり新規の投資の意味合いはないため，子会社の資産及び負債を追加取得時の時価で再評価する必要はありません。

　また，追加取得持分と追加投資額との間に差額が生じた場合には，これを資本剰余金として処理します。従来においては，当該差額は「のれん」として処理されていましたが，平成25年9月改正企業会計基準第22号「連結財務諸表に関する会計基準」において，これを資本剰余金として処理することとなりました。これは，支配継続中での追加取得等の取引は，親会社と子会社の非支配株主との間の資本取引であり，当該取引からは損益は発生しないと整理された（すなわち，経済的単一体説の考え方が反映された）ためです（序章参照）。

## 2. 設　例

**【設例1-5】**

P社（親会社）は×2年3月31日にS社の株式70%を109,200円で購入し連結子会社としており，のれんは10年間で均等償却している。

×3年3月31日に，P社はS社の株式10%を18,000で追加取得した。なお×2年3月31日及び×3年3月31日のS社の財務諸表は下記のとおりである。

これをもとに×3年3月期における連結仕訳を答えなさい。

×2年3月31日

| 資　産 | 221,000 | 負　債 | 75,000 |
|---|---|---|---|
|  |  | 資　本　金 | 20,000 |
|  |  | 利益剰余金 | 126,000 |

×3年3月31日

| 資　産 | 241,000 | 負　債 | 75,000 |
|---|---|---|---|
|  |  | 資　本　金 | 20,000 |
|  |  | 利益剰余金 | 146,000 |

**【解答・解説】**

1. 開始仕訳

| 資　本　金 | 20,000 | S社株式 | 109,200 |
|---|---|---|---|
| 利益剰余金 | 126,000 | 非支配株主持分 | 43,800 |
| の れ ん | 7,000 |  |  |

2. S社の当期純利益の按分

| 非支配株主に帰属する当期純利益 | 6,000 | 非支配株主持分 | 6,000*1 |
|---|---|---|---|

*1　S社当期純利益 20,000 × 非支配株主持分 30% = 6,000

3. 当期のれん償却

| のれん償却額 | 700 | / | の れ ん | 700*2 |
|---|---|---|---|---|

*2 取得時のれん 7,000 ÷ 10 = 700

4. 追加取得にかかる連結修正仕訳

| 非支配株主持分 | 16,600*3 | / | S社株式 | 18,000 |
|---|---|---|---|---|
| 資本剰余金 | 1,400 | | | |

*3 S社純資産額 166,000 (20,000 + 146,000) × 10% = 16,600

## Q6 連結子会社株式の一部を売却（支配は継続）した場合の会計処理

===== Question =====

◆当社はS社株式の 80% を保有し子会社としています。当社は当期において子会社として維持できる範囲内でS社株式の一部を売却する予定です。この場合，連結上どのような会計処理を行うか教えて下さい。

《実務上の ポイント 》

▶売却の前後において支配が継続する場合には，売却持分の連結上の簿価と売却価額との差額は資本剰余金とする。
▶時価評価後の子会社純資産の売却持分割合相当額だけ非支配株主持分の額が増加する。

## 1. 連結子会社株式の一部売却における留意点

　子会社株式を売却した場合，個別財務諸表上は簿価と売却価額との差額が株式売却損益となります。

　一方で，連結財務諸表では子会社株式の一部を売却しても支配が継続している場合には当該取引を資本取引であると捉え，売却持分の連結上の簿価と売却価額との差額を資本剰余金として処理することとなります（序章参照）。

　なお，従来は，一部売却の際には売却持分に加えて，これに対応するのれんの未償却残額も減額する処理が行われていましたが，平成25年9月改正企業会計基準第22号「連結財務諸表に関する会計基準」において，これを減額しないこととなりました。これは，支配継続中での一部売却等の取引は親会社と子会社の非支配株主との間の資本取引であると整理した（すなわち，経済的単一体説の考え方）上で，支配継続中における追加取得時にはのれんは追加計上しないとした処理（本章Q5参照）と整合を図った取り扱いとしたものです。

　このように，子会社株式の売却を単体上では損益取引であるとして処理し子会社株式売却損益が発生する一方で，連結上では資本取引であるとして処理することから，連結財務諸表と個別財務諸表の間での処理に差が生じることとなります。このため，これを調整する連結修正仕訳が必要となります。

　なお，子会社の支配を失わない範囲での子会社株式の一部売却の場合の会計処理は上記のとおりですが，子会社の支配を失うこととなる割合の子会社株式の売却については経済実態が大きく異なるため，上記とは異なる会計処理を行います（第2章Q2参照）。

## 2. 設 例

### 【設例1-6】

P社（親会社）は×2年3月31日にS社の株式70%を109,200で購入し連結子会社としており、のれんは10年間で均等償却している。

×3年3月31日に、P社はS社の株式10%を18,000で売却した。なお×2年3月31日及び×3年3月31日のS社の財務諸表は下記のとおりである。

これをもとに×3年3月期における連結仕訳を答えなさい。

×2年3月31日

| 資　　産 | 221,000 | 負　　債 | 75,000 |
|---|---|---|---|
| | | 資　本　金 | 20,000 |
| | | 利益剰余金 | 126,000 |

×3年3月31日

| 資　　産 | 241,000 | 負　　債 | 75,000 |
|---|---|---|---|
| | | 資　本　金 | 20,000 |
| | | 利益剰余金 | 146,000 |

### 【解答・解説】

1. 開始仕訳

| 資　本　金 | 20,000 | S社株式 | 109,200 |
|---|---|---|---|
| 利益剰余金 | 126,000 | 非支配株主持分 | 43,800 |
| の　れ　ん | 7,000 | | |

2. S社の当期純利益の按分

| 非支配株主に帰属する当期純利益 | 6,000 | 非支配株主持分 | 6,000[*1] |
|---|---|---|---|

*1　S社当期純利益20,000 ×非支配株主持分30% = 6,000

## 3. 当期のれん償却

| のれん償却額 | 700 | / | の れ ん | 700*2 |

*2 取得時のれん 7,000 ÷ 10 = 700

## 4. 一部売却に係る連結修正仕訳

| S社株式 | 15,600*3 | / | 非支配株主持分 | 16,600*4 |
| 株式売却損益 | 2,400*5 | | 資本剰余金 | 1,400*6 |

*3 S社株式帳簿価額 109,200 ÷ 70% × 10% = 15,600
*4 （資本金 20,000 + 利益剰余金 146,000）× 10% = 16,600
*5 個別上の売却損益 2,400 （18,000 − 15,600）
*6 貸借差額

---

## Q7 連結子会社の増資（企業集団の持分比率が増加する場合）

=== Question ===

◆当社はS社株式の70%を保有していますが，当期においてS社が第三者割当増資を行い，当社が全額を引き受けました。この場合，連結上どのような会計処理を行うか教えて下さい。

《実務上の ポイント 》

▶従来の持分比率で株主割当増資が行われたとみなす（みなし割当）。
▶その後親会社が追加取得を行ったものとみなす（みなし取得）。
▶株式の発行価格が増資前の1株当たり純資産額と異なる場合，持分変動差額が生ずる。当該差額は追加取得に準じて，資本剰余金として処理する。

## 1. 連結子会社の増資時の留意点

子会社の第三者割当増資等の際に企業集団の引受割合が増資前の持分比率を上回ることがあります。この場合は、いったん従来の持分比率で増資に応じたと仮定して会計処理を行い、その後に非支配株主から株式の追加取得を行ったものとみなして会計処理を行うこととなります。また、子会社の第三者割当増資等の発行価格が増資前の1株当たり純資産額と不一致となる場合には、みなし取得価額と親会社持分増減額との差額が生じます。取引後も支配が継続する場合、非支配株主との取引は資本取引として取り扱うことから、当該差額は資本剰余金として処理します（本章Q5参照）。

## 2. 設 例

**【設例1-7】**
×3年3月31日に、S社（子会社）は第三者割当増資を行い、240株を1株当たり150で発行し、P社（親会社）が全額を引き受けた。次の前提条件を基に、×3年3月期の連結仕訳を答えなさい。

＜前提条件＞
① P社は×2年3月31日にS社（発行済株式総数1,200株）の株式840株を総額109,200で購入しS社を連結子会社としている（保有割合70％）。
② 増資による払込は全額資本金に組み入れている。
③ のれんは発生年度の翌年より10年で均等償却する。
④ S社の×3年3月期の当期純利益は10,000である。
⑤ 法定実効税率は40％とする。
⑥ ×2年3月31日及び×3年3月31日のS社の財務諸表は下記

のとおりである。

×2年3月31日

| 資　　産 | 215,460 | 負　　債 | 68,900 |
|---|---|---|---|
| | （内，土地 900） | 資　本　金 | 20,000 |
| | | 資本剰余金 | 10,000 |
| | | 利益剰余金 | 116,560 |

＊資産のうち，土地（簿価 900）の時価は 1,300 となっている。

×3年3月31日

| 資　　産 | 261,460 | 負　　債 | 68,900 |
|---|---|---|---|
| | （内，土地 900） | 資　本　金 | 56,000 |
| | | 資本剰余金 | 10,000 |
| | | 利益剰余金 | 126,560 |

＊資産のうち，土地（簿価 900）の時価は 1,500 となっている。

## 【解答・解説】

1. S社資産負債の時価評価

| 土　　地 | 400 | 評価差額 | 240＊1 |
|---|---|---|---|
| | | 繰延税金負債 | 160 |

＊1　支配獲得時に評価差額を計上しているため，増資時においては評価差額を計上しない。

2. 開始仕訳

| 資　本　金 | 20,000 | 子会社株式 | 109,200 |
|---|---|---|---|
| 資本剰余金 | 10,000 | 非支配株主持分 | 44,040 |
| 利益剰余金 | 116,560 | | |
| 評価差額 | 240 | | |
| の　れ　ん | 6,440 | | |

3. S社の当期純利益の按分

| 非支配株主に帰属する当期純利益 | 3,000 | 非支配株主持分 | 3,000＊2 |
|---|---|---|---|

＊2　S社当期純利益 10,000 × 30%

4. 当期のれん償却

| のれん償却額 | 644 | / | の れ ん | 644*3 |

*3  6,440 ÷ 10年

5. 増資に係る連結修正仕訳

5-1. 株主割当増資に係る投資と資本の相殺消去

| 資 本 金 | 36,000 | / | 子会社株式 | 25,200*4 |
| | | | 非支配株主持分 | 10,800*5 |

従来の持分比率に応じて株主割当増資が行われたものとみなす。

*4  36,000 × 70% = 25,200
*5  36,000 × 30% = 10,800

5-2. 追加取得分

| 非支配株主持分 | 9,640*6 | / | 子会社株式 | 10,800*8 |
| 資本剰余金 | 1,160*9 | | | |

*6  S社増資後純資産（56,000＋10,000＋126,560＋240（資本金＋資本剰余金＋利益剰余金＋評価差額））×5%*7＝9,640
*7  追加取得による親会社持分増加分：(840株＋240株)÷(1,200株＋240株) －70%＝5%
*8  実際の払込金額と株主割当増資の差額：36,000 － 25,200*4 ＝ 10,800
*9  貸借差額

## Q8 連結子会社の増資（企業集団の持分比率が減少する場合）

===== Question =====

◆当社はS社株式の70%を保有していますが、当期においてS社が第三者割当増資を行い、企業集団外部の第

三者が全額を引き受けました(ただし,当社のS社に対する支配は継続している)。この場合,連結上どのような会計処理を行うか教えて下さい。

《実務上の ポイント 》
▶まず従来の持分比率で株主割当増資が行われたとみなし(みなし割当),その後親会社が売却を行ったものとみなす(みなし売却)。
▶株式の発行価格が増資前の1株当たり純資産額と異なる場合,持分変動差額が生ずる。当該差額は株式の一部売却に準じて,資本剰余金として処理する。

## 1. 連結子会社の増資時の留意点

子会社の第三者割当増資等の際に企業集団の引受割合が増資前の持分比率を下回ることがあります。この場合は,いったん従来の持分比率で増資に応じたと仮定して会計処理を行い,その後に非支配株主に株式の一部売却を行ったものとみなして会計処理を行うこととなります。

また,子会社の第三者割当増資等の発行価格が増資前の1株当たり純資産額と不一致となる場合には,みなし取得価額と親会社持分増減額との差額が生じます。取引後も支配が継続する場合,非支配株主との取引は資本取引として取り扱うことから,当該差額は資本剰余金として処理します(本章Q6参照)。

## 2. 設　例

**【設例 1-8】**

×3年3月31日に，S社（子会社）は第三者割当増資を行い，200株を1株当たり150で発行し，P社（親会社）以外の第三者が全額引き受けた。次の前提条件を基に，×3年3月期の連結仕訳を答えなさい。

＜前提条件＞
① P社は×2年3月31日にS社（発行済株式総数1,200株）の株式840株を総額109,200で購入しS社を連結子会社としている（保有割合70%）。
② 増資による払込は全額資本金に組み入れている。
③ のれんは発生年度の翌年より10年で均等償却する。
④ S社の×3年3月期の当期純利益は10,000である。
⑤ 法定実効税率は40%とする。
⑥ ×2年3月31日及び×3年3月31日のS社の財務諸表は下記のとおりである。

×2年3月31日

| 資　産 | 215,460 | 負　債 | 68,900 |
|---|---|---|---|
| （内，土地900） | | 資　本　金 | 20,000 |
| | | 資本剰余金 | 10,000 |
| | | 利益剰余金 | 116,560 |

＊資産のうち，土地（簿価900）の時価は1,300となっている。

×3年3月31日

| 資　産 | 255,460 | 負　債 | 68,900 |
|---|---|---|---|
| （内，土地900） | | 資　本　金 | 50,000 |
| | | 資本剰余金 | 10,000 |
| | | 利益剰余金 | 126,560 |

＊資産のうち，土地（簿価900）の時価は1,500となっている。

## 【解答・解説】

### 1．S社資産負債の時価評価

| 土　　　地 | 400 | 評価差額 | 240 |
|---|---|---|---|
|  |  | 繰延税金負債 | 160 |

　支配獲得時に評価差額を計上しているため，増資時においては評価差額を計上しない。

### 2．開始仕訳

| 資　本　金 | 20,000 | 子会社株式 | 109,200 |
|---|---|---|---|
| 資本剰余金 | 10,000 | 非支配株主持分 | 44,040*1 |
| 利益剰余金 | 116,560 |  |  |
| 評価差額 | 240 |  |  |
| の れ ん | 6,440 |  |  |

＊1　S社純資産 146,800（146,560＋評価差額240）×非支配株主持分割合30％＝44,040

### 3．S社の当期純利益の按分

| 非支配株主に帰属する当期純利益 | 3,000 | 非支配株主持分 | 3,000*2 |
|---|---|---|---|

＊2　S社当期純利益 10,000 × 30％ ＝ 3,000

### 4．当期のれん償却

| のれん償却額 | 644 | の れ ん | 644*3 |
|---|---|---|---|

＊3　6,440 ÷ 10 年 ＝ 644

### 5．増資に係る連結修正仕訳

#### 5-1．株主割当増資に係る投資と資本の相殺消去

| 資　本　金 | 30,000 | 子会社株式 | 21,000*4 |
|---|---|---|---|
|  |  | 非支配株主持分 | 9,000*5 |

　従来の持分比率に応じて株主割当増資が行われたものとみなす。

＊4　30,000 × 70％ ＝ 21,000
＊5　30,000 × 30％ ＝ 9,000

## 5-2. 一部売却（みなし売却）

| 子会社株式 | 21,000*6 | 非支配株主持分 | 18,680*7 |
|---|---|---|---|
| | | 資本剰余金 | 2,320*9 |

*6 子会社株式をすべて非支配株主に売却したとみなす。
*7 S社増資後純資産（50,000+10,000+126,560+240（資本金+資本剰余金+利益剰余金+評価差額））×10%*8=18,680
*8 親会社の持分減少割合：(840株+0株)÷(1,200株+200株)−70%=△10%
*9 貸借差額

## Q9 連結子会社による自己株式取得及び売却

=== Question ===

◆当社はS社株式の70%を保有していますが，当期においてS社が非支配株主から自己株式を購入しました。そしてその後当該株式を企業集団外部の第三者に売却しました（ただし，当社のS社に対する支配は継続している）。この場合，連結上どのような会計処理を行うか教えて下さい。

《実務上の ポイント》

▶子会社が非支配株主から自己株式を取得したことにより親会社持分が増加した場合は，追加取得の場合に準じて処理する。
▶子会社が非支配株主に自己株式を処分したことにより親会社持分が減少した場合は，株式の一部売却の場合に準じて処理する。

## 1. 連結子会社による自己株式取得及び売却の留意点

　子会社が非支配株主から自己株式を取得した場合，企業集団の観点から考えると自己株式購入対価が企業集団外部に流出し，代わりに企業集団の持分比率が増加することになります。このように子会社による自己株式の取得は企業集団の観点からは，子会社株式の追加購入と似た経済実態であると考えられます。

　このため，この場合における連結上の処理は，子会社株式の追加取得（本章Q5参照）に準じて行うこととなります。逆に，子会社が自己株式を非支配株主に対して処分した場合には，子会社株式の一部売却（本章Q6参照）に準じて処理をすることとなります。

## 2. 設　例

【設例1-9】
　×3年3月31日に，S社（子会社）は自己株式200株を非支配株主から30,000で購入した。下記の前提条件を基に，×3年3月期の連結仕訳を答えなさい。

＜前提条件＞
① P社は×2年3月31日にS社（発行済株式総数1,200株）の株式840株を総額101,000で購入しS社を連結子会社としている。
② のれんは発生年度の翌年より10年で均等償却する。
③ ×2年3月31日及び×3年3月31日のS社の財務諸表は下記のとおりである。
④ 上記の購入取引により，P社のS社に対する持分は，70％から84％に増加している。

×2年3月31日

| 資　　産 | 200,000 | 負　　債 | 70,000 |
|---|---|---|---|
| | | 資　本　金 | 20,000 |
| | | 資本剰余金 | 10,000 |
| | | 利益剰余金 | 100,000 |

×3年3月31日

| 資　　産 | 180,000 | 負　　債 | 70,000 |
|---|---|---|---|
| | | 資　本　金 | 20,000 |
| | | 資本剰余金 | 10,000 |
| | | 利益剰余金 | 110,000 |
| | | 自己株式 | △30,000 |

## 【解答・解説】

1. 開始仕訳

| 資　本　金 | 20,000 | 子会社株式 | 101,000 |
|---|---|---|---|
| 資本剰余金 | 10,000 | 非支配株主持分 | 39,000 |
| 利益剰余金 | 100,000 | | |
| の　れ　ん | 10,000 | | |

2. S社の当期純利益の按分

| 非支配株主に帰属する当期純利益 | 3,000 | 非支配株主持分 | 3,000*1 |
|---|---|---|---|

＊1　S社当期純利益 10,000 × 30% = 3,000

3. 当期のれん償却

| のれん償却額 | 1,000 | の　れ　ん | 1,000*2 |
|---|---|---|---|

＊2　10,000 ÷ 10年 = 1,000

## 4. S社の自己株式購入に係る連結修正仕訳

| 非支配株主持分　　24,400*3 | 自己株式　　　　　30,000 |
|---|---|
| 資本剰余金　　　　 5,600 | |

*3 S社自己株式購入直前の非支配株主持分 42,000（S社純資産 140,000 × 非支配株主持分 30%）− S社自己株式購入直後の非支配株主持分 17,600（S社純資産 110,000 × 非支配株主持分 16%）= 24,400

# Q10 株式の間接所有に係る会計処理

―― Question ――

◆当社は当期においてS社株式の80%，T社株式の15%を購入しています。また，S社も当期においてT社株式の45%を購入しました。この場合，連結手続きをどのように行えばよいか教えて下さい。

《実務上のポイント》

▶株式の間接所有には①連結子会社を通じた間接所有及び②緊密者等を通じた間接所有の形態が考えられる。

▶孫会社の利益剰余金のうち連結帰属額を示す実質持分額の計算は，持分比率の積数を用いて行う。

## 1. 株式の間接所有に係る留意点

子会社の範囲に関して財務諸表等規則では，「親会社及び子会社

又は子会社が，他の会社等の意思決定機関を支配している場合における当該他の子会社等も，その親会社の子会社とみなす」と定めており，直接的な支配のみならず，間接的に支配が及んでいる場合も連結対象としています。

株式の間接所有には，①連結子会社を通じた間接所有及び②緊密者等を通じた間接所有の形態が考えられます。

連結子会社を通じた間接所有の場合，孫会社の取得後利益剰余金は，親会社，子会社における非支配株主，孫会社における非支配株主の3者に帰属するため，親会社に帰属する実質持分額の計算は，孫会社に対する親会社の持分比率及び子会社の持分比率の積数を用いて行うこととなります。

## 2．設　例

**【設例1-10】**

　×2年3月31日に，P社はS社の株式を取得した。また，P社及びS社は×2年3月31日にT社の株式を取得し，×2年3月期末において3社で連結グループを構成している。次の前提条件を基に×3年3月31日の連結修正仕訳を答えなさい。

＜前提条件＞
① P社は×2年3月31日にS社の株式の80％（取得価額85,000）を取得している。
② P社及びS社は×2年3月31日にT社の株式のそれぞれ15％（取得価額10,000），45％（取得価額30,000）を取得している。

　P社及びS社のT社持分割合の割合は次の図のとおりとなる。

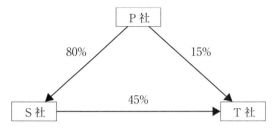

③ のれんは発生年度の翌年より10年で均等償却する。
④ ×3年3月31日現在,S社及びT社の財務諸表は下記のとおりである。

×3年3月31日(S社)

| 資　　産 | 250,000 | 負　　債 | 120,000 |
|---|---|---|---|
| (内,T社株式 30,000) | | 資　本　金 | 60,000 |
| | | 利益剰余金 | 70,000 |
| | | (内,当期純利益 30,000) | |

×3年3月31日(T社)

| 資　　産 | 200,000 | 負　　債 | 115,000 |
|---|---|---|---|
| | | 資　本　金 | 20,000 |
| | | 利益剰余金 | 65,000 |
| | | (内,当期純利益 25,000) | |

## 【解答・解説】

まず孫会社T社に係る連結修正仕訳を処理した後,T社利益剰余金の影響を加味した子会社S社を連結上取込む。

1. 孫会社T社に対する連結修正仕訳

1-1. 開始仕訳

| 資　本　金 | 20,000 | T社株式 | 40,000 |
|---|---|---|---|
| 利益剰余金 | 40,000 | 非支配株主持分 | 24,000*1 |
| の　れ　ん | 4,000*2 | | |

　*1　T社純資産 60,000 × T社非支配株主持分 40% = 24,000
　*2　P社帰属のれん:取得価額 10,000 − T社純資産 60,000 × 15% = 1,000
　　　S社帰属のれん:取得価額 30,000 − T社純資産 60,000 × 45% = 3,000

## 1-2. T社の当期純利益の按分

| 非支配株主に帰属する 当期純利益 | 10,000 | 非支配株主持分 | 10,000*3 |

*3 T社当期純利益 25,000 × 非支配株主持分 40% = 10,000


## 1-3. 当期のれん償却

| のれん償却額 | 400 | のれん | 400*4 |

*4 P社帰属のれん償却額 100 + S社帰属のれん償却額 300 = 400


## 2. 子会社S社に対する連結修正仕訳
### 2-1. 開始仕訳

| 資本金 | 60,000 | S社株式 | 85,000 |
| 利益剰余金 | 40,000 | 非支配株主持分 | 20,000*5 |
| のれん | 5,000 | | |

*5 S社純資産 100,000 × S社非支配株主持分 20% = 20,000


### 2-2. 当期純利益の按分

| 非支配株主に帰属する 当期純利益 | 8,190 | 非支配株主持分 | 8,190*6 |

*6 （S社当期純利益 30,000 + T社当期純利益のうちS社帰属額 10,950*7）× S社非支配株主持分 20% = 8,190

*7 T社当期純利益 25,000 × S社持分 45% − S社帰属のれん償却額 300 = 10,950


### 2-3. 当期のれん償却

| のれん償却額 | 500 | のれん | 500 |

T社当期純利益 25,000 のうち，親会社に帰属している金額は 12,750（T社当期純利益 25,000 − T社非支配株主按分 10,000 − S社非支配株主按分 2,250（T社当期純利益 25,000 × T社に対するS社持分 45% × S社非支配株主持分 20%）となっている。

一方でT社の取得後利益剰余金に対するP社の実質持分割合の計算は，T社に対する親会社の持分比率及びS社の持分比率の積数を

用いて行うため，51%（P社のT社持分15%＋S社に対するP社持分80%×T社に対するS社持分45%）となる。

T社当期純利益25,000×P社実質持分割合51%＝12,750となるので，上記仕訳例のように孫会社についての連結仕訳を先に行い，その後子会社の連結仕訳を行えば基準で求められる会計処理となる。

## Q11 債務超過会社の取扱い

*Question*

◆非支配株主が存在する連結子会社が債務超過となりました。この場合，連結上どのような会計処理を行うか教えて下さい。

《実務上の ポイント》
- ▶子会社が債務超過となった場合，原則として非支配株主持分に債務超過額は負担させず，全額親会社に負担させる。
- ▶その後，子会社の債務超過が解消するまで非支配株主への利益の按分は行わない。
- ▶ただし，債務超過の負担について株主間の合意がある場合，その合意に基づく額を限度として非支配株主に負担させる。

### 1．債務超過会社の取扱い

株式会社の株主は株主有限責任の原則により出資額を限度とする

責任を負えばよいこととなっています。このため子会社の債務超過額については非支配株主に負担させません。

親会社についても株主有限責任の原則は適用されますが、親会社は子会社の債権者に対して、保証債務等の契約に基づく責任を負う場合が多いだけでなく、親会社の経営責任や信用保持のための経営判断等から当該子会社の債務の肩代わりなどを行う可能性も高いといえます。このため、親会社が子会社の債務超過額について負担するよう会計処理を行います。

ただし、非支配株主との間で子会社の債務超過に関する取り決めが行われている場合においては、当該経済実態を反映すべく取り決めの範囲内で非支配株主に子会社の債務超過額を負担させます。

親会社が子会社に対する持分割合を超えて債務超過額を負担している場合には、その後子会社が利益を計上したとしても子会社の債務超過が解消されるまで非支配株主に利益は按分しません。


## 2. 設　例

### 【設例1-11】

×1年3月31日にP社と企業集団外部のA社は共同でS社を設立した。P社の出資割合は80％（取得価額96,000）であり、S社は20％である。以下はS社の×3年3月31日時点の貸借対照表である。×3年3月31日の連結修正仕訳を答えなさい。

×3年3月31日

| 資　産 | 185,000 | 負　債 | 200,000 |
|---|---|---|---|
| | | 資　本　金 | 90,000 |
| | | 資本剰余金 | 30,000 |
| | | 利益剰余金 | △135,000 |
| | | （内、当期純損失△25,000） | |

## 【解答・解説】

1. 開始仕訳

| 資 本 金 | 90,000 | S社株式 | 96,000 |
|---|---|---|---|
| 資本剰余金 | 30,000 | 非支配株主持分 | 2,000 |
| | | 利益剰余金期首残高 | 22,000*1 |

*1 $(\triangle 135,000 - \triangle 25,000) \times 20\% = \triangle 22,000$

2. 当期純損失の按分仕訳

| 非支配株主持分 | 2,000 | 非支配株主に帰属する当期純利益 | 2,000*2 |
|---|---|---|---|

*2 $5,000 \ (=25,000 \times 20\%) > 2,000 \quad \therefore 2,000$

当期純損失△25,000のうち非支配株主持分20%は△5,000となる。
期首時点の非支配株主持分は2,000であり、原則として非支配株主持分はゼロより小さくはならない（子会社の債務超過額について非支配株主は負担しない）ことから、非支配株主持分に負担させる子会社の損失額は2,000が限度となる。

# Q12 連結子会社による親会社株式の取得及び売却

――― Question ―――

◆前期において連結子会社が当社（親会社）株式を取得し、当期中に保有する当社株式を市場で売却しました。この場合、連結上どのような会計処理を行うか教えて下さい。

《実務上の**ポイント**》
- ▶連結子会社が保有する親会社株式は企業集団の観点からは自己株式に該当する。
- ▶連結上,子会社が保有する親会社株式のうち親会社持分相当額を純資産の部の自己株式として表示する。
- ▶子会社において計上した親会社株式の売却損益は,連結上で親会社持分相当額は自己株式処分差額とし,非支配株主持分相当額は非支配株主損益に加減する。

## 1. 連結子会社による親会社株式の取得及び売却にかかる会計処理の留意点

連結子会社による親会社株式の取得及び売却は,企業集団の観点から考えると自己株式の取得と同様であるため,連結上は自己株式の取得及び売却と同様の会計処理を行います。

つまり,連結子会社による親会社株式の取得時には,自己株式の取得と同様に,取得対価の親会社持分相当額を株主資本から控除し,非支配株主持分相当額は非支配株主持分から控除します。

また,連結子会社による親会社株式の売却時に生じる売却損益は親会社における自己株式処分差額の会計処理と同様とします。

ただし,単体上の自己株式の処分差額は課税所得を構成しませんが,連結子会社による親会社株式の売却損益は連結子会社の課税所得に含まれるため,連結上は自己株式の処分と同様の性質の取引にもかかわらず,単体上では連結子会社において税金が発生します。

このため,連結子会社における親会社株式の売却損益から当該取引に関連する法人税,住民税及び事業税を控除後の額を親会社にお

ける自己株式処分差額の会計処理と同様に取り扱うことになります。

## 2. 設　例

【設例1-12】

　×3年3月31日に、P社の連結子会社であるS社は、自身が保有しているP社株式を市場で売却している。次の前提条件を基に、×2年3月期及び×3年3月期の連結仕訳を答えなさい。

＜前提条件＞
① P社×2年3月31日にS社の株式80%を120,000で購入し、連結子会社としている。
② ×2年3月31日におけるS社が保有するP社株式の帳簿価額は2,000である。
③ ×3年3月31日にS社はP社株式を3,000で売却した。
④ ×2年3月31日のS社の財務諸表は下記のとおりである。

| 資　産 | 350,000 | 負　債 | 200,000 |
|---|---|---|---|
| （うちP社株式 2,000） | | 資　本　金 | 100,000 |
| | | 資本剰余金 | 30,000 |
| | | 利益剰余金 | 20,000 |

⑤ ×3年3月31日のS社の財務諸表は下記のとおりである。

| 資　産 | 360,000 | 負　債 | 200,000 |
|---|---|---|---|
| | | 資　本　金 | 100,000 |
| | | 資本剰余金 | 30,000 |
| | | 利益剰余金 | 30,000 |
| | | （内，当期純利益 10,000） | |

⑥ 法定実効税率は40%とする。

## 【解答・解説】

### ×2年3月期

1. 投資と資本の相殺消去

| | | | | |
|---|---|---|---|---|
| 資　本　金 | 100,000 | / | S社株式 | 120,000 |
| 資本剰余金 | 30,000 | | 非支配株主持分 | 30,000 |
| 利益剰余金 | 20,000 | | | |

2. S社の保有するP社株式の調整

| | | | | |
|---|---|---|---|---|
| 自己株式 | 1,600*1 | / | P社株式 | 2,000 |
| 非支配株主持分 | 400 | | | |

*1　P社株式 2,000 ×親会社持分 80% ＝ 1,600

### ×3年3月期

1. 開始仕訳

| | | | | |
|---|---|---|---|---|
| 資本金 | 100,000 | / | S社株式 | 120,000 |
| 資本剰余金 | 30,000 | | 非支配株主持分 | 30,000 |
| 利益剰余金 | 20,000 | | | |
| 自己株式 | 1,600 | | P社株式 | 2,000 |
| 非支配株主持分 | 400 | | | |

2. 当期純利益の按分

| | | | | |
|---|---|---|---|---|
| 非支配株主に帰属する<br>当期純利益 | 2,000 | / | 非支配株主持分 | 2,000*2 |

*2　当期純利益 10,000 ×非支配株主持分 20% ＝ 2,000

3. S社の保有するP社株式の売却

| | | | | |
|---|---|---|---|---|
| P社株式 | 2,000 | / | 自己株式 | 1,600 |
| | | | 非支配株主持分 | 400 |

　P社株式は売却されているので，開始仕訳として行ったP社株式に係る連結修正仕訳を消去する。

| 有価証券売却益 | 800*3 | 自己株式処分差益<br>（その他資本剰余金） | 480 |
|---|---|---|---|
|  |  | 法人税等 | 320*4 |

*3 S社で計上したP社株式売却益1,000×親会社持分80% = 800
*4 S社で計上したP社株式売却益の親会社持分相当額に係る税金 800×40% = 320

| 非支配株主損益 | 120*5 | 非支配株主持分 | 120 |
|---|---|---|---|

*5 S社で計上したP社株式売却益1,000の非支配株主持分相当額200（= 1,000×20%）から関連する税金80（= 200×40%）を控除した金額120（= 200 − 80）を非支配株主に負担させる。

## Q13 子会社株式評価損と連結上ののれん

━━━ Question ━━━

◆当社は個別財務諸表にて連結子会社であるS社株式に評価損（減損）を計上しました。連結上，S社を取得した際にのれんを計上していますが，このような場合に連結上必要な処理について教えて下さい。

《実務上の ポイント》

▶親会社の個別財務諸表上における子会社株式の減損後の簿価が連結上の子会社株式の簿価を下回る場合は，当該差額が解消するかのれんの未償却残高がゼロとなるまでのれんを償却する。

## 1. 子会社株式評価損とのれんの減損の留意点

　親会社の個別財務諸表上では，原則として子会社株式は取得価額で評価されます。しかし，子会社の業績が芳しくないときなどには，親会社の個別財務諸表上で子会社株式に対して評価損（減損）を計上することとなります。評価損（減損）の計上は株式の実質価値が取得原価に比べて50%程度以上低下した場合を目安に計上されるため，親会社の個別財務諸表に子会社で生じた損失の影響が反映されるまでには時間差が生じます。一方で，連結上は子会社で生じた損益を毎期取り込む処理が行われるため適時に子会社の損失が連結財務諸表に反映されることとなります。

　このため，子会社株式について個別財務諸表上の簿価と連結上の簿価（子会社の資本の親会社持分額とのれん未償却残高との合計額）が異なり，子会社株式に係る個別財務諸表上の減損後の簿価が，連結上の簿価を下回るケースが生じえます。

　この場合には，子会社株式取得時に見込んでいた超過収益力の減少を反映するために，親会社の個別財務諸表上の子会社株式の簿価と連結上の子会社株式の簿価との差額が解消するか，のれんの未償却残高がゼロとなるまでのれんを償却することとなります。

## 2. 設　例

【設例1-13】
　×2年3月31日に，P社はS社株式100%を取得し連結子会社とした。次の前提条件を基に，×3年3月期の連結仕訳を答えなさい。

<前提条件>
① P社は×2年3月31日にS社株式100%を総額150,000で購入し,S社を連結子会社としている。
② ×2年3月31日のS社の財務諸表は下記のとおりである。

| 資　　産 | 200,000 | 負　　債 | 100,000 |
|---|---|---|---|
| | | 資　本　金<br>利益剰余金 | 50,000<br>50,000 |

③ ×3年3月期にS社は50,000の損失を被り,その結果P社は個別財務諸表上でS社株式評価損(減損)100,000を計上した。
④ 法定実効税率は40%とする。
⑤ のれんの償却期間は10年とする。

## 【解答・解説】

×3年3月期

1. 個別財務諸表の修正

| S社株式 | 100,000 | S社株式評価損 | 100,000 |
|---|---|---|---|

親会社の個別財務諸表上計上された子会社株式評価損を振り戻す。

2. 開始仕訳

| 資　本　金 | 50,000 | S社株式 | 150,000 |
|---|---|---|---|
| 利益剰余金 | 50,000 | | |
| の　れ　ん | 50,000 | | |

3. のれんの償却

| のれん償却額 | 5,000*1 | の　れ　ん | 5,000 |
|---|---|---|---|

*1 のれん 50,000 ÷ 10年 = 5,000

## 4. のれんの控除(個別上の簿価と連結上の簿価の比較)

| のれん償却額 | 45,000*2 | / | の れ ん | 45,000 |

*2 評価損(減損)計上後のP社の個別財務諸表上のS社株式簿価は50,000となっており、S社の連結上の簿価は95,000(S社純資産50,000+のれん未償却残高45,000)となっている。このため、のれん未償却残高45,000の範囲内で、P社の個別財務諸表上のS社株式簿価とS社の連結上の簿価との差額45,000を解消するようのれんを控除する必要がある。

# 第2章　組織再編

## Q1　持分法適用会社から連結子会社となる場合の会計処理

―― Question ――

◆当社はS社株式の30%を保有し、S社を持分法適用会社としていましたが、当期においてS社株式の40%を追加取得し、S社を連結子会社とすることとしました。この場合、連結上どのような会計処理を行うか教えて下さい。

《実務上の ポイント 》

▶株式を追加取得することで支配を獲得したと同時に、投資の本質が変わると考える。

▶持分法適用会社が株式の段階取得により連結子会社となった場合、支配獲得時において当該子会社の資産及び負債の時価評価を改めて行い、連結財務諸表に反映する必要がある。

▶支配獲得日における子会社株式の時価と持分法による投資評価額との差額は、段階取得に係る損益として処理する。

▶持分法による投資評価額に含まれていたのれんの未償却額は、支配獲得時において新たに計上されるのれんの一部として包含され

ることとなる。

## 1. 持分法から連結への移行の留意点

　株式の追加取得により支配を取得し関連会社が連結子会社となる場合，その時点で当該会社が企業集団に含まれるという意味で当該会社に対する投資の性質が大きく変わることになります。そのため，これを反映すべく，支配獲得時の時価に基づき改めて子会社の資産及び負債の評価差額を計上し，当該日の持分比率に応じて親会社持分額と非支配株主持分額とに按分します。

　また，支配獲得日において新たにのれん及び負ののれんが計算されることから，持分法による投資評価額に含まれていたのれんの未償却額は，新たに計算されたのれんの一部に含まれることとなります。なお，持分法による投資評価額に含まれていたのれんは持分法適用開始日から既に償却が行われていますが，上記のとおり支配の獲得により投資の性質が変わったと考えるため，新たに計算されたのれんは持分法による投資評価額に含まれていたのれんの未償却部分とは区別せず，支配獲得日から新たな償却期間にわたり償却します。

　さらに，それまで保有していた株式を支配獲得時の時価で再評価し，これを被取得企業の取得原価とします。そして，当該被取得企業の取得原価と，支配を獲得するに至った個々の取引ごとの原価の合計額（持分法適用関連会社と企業結合した場合には，持分法による評価額）との差額は，当期の段階取得に係る損益として処理します（第1章Q4参照）。

## 2. 設　例

**【設例2-1】**

×2年3月31日に，P社はS社株式の追加取得によりS社を連結子会社とした。次の前提条件を基に，×2年3月期の連結仕訳を答えなさい。

＜前提条件＞
① ×1年3月31日にP社はS社株式360株（持分割合30%）を総額54,000で購入し，S社を持分法適用会社とした。
② P社は×2年3月31日に480株（持分割合40%）を総額86,400で追加購入し，S社を連結子会社とした（保有割合70%）。なお，支配獲得日におけるS社株式の時価は1株当たり180である。
③ ×1年3月31日のS社の財務諸表は下記のとおりである。

| 資　産 | 200,000 | 負　債 | 70,000 |
|---|---|---|---|
| （内，土地 9,000） | | 資　本　金 | 20,000 |
| | | 資本剰余金 | 10,000 |
| | | 利益剰余金 | 100,000 |

＊資産のうち，土地（簿価9,000）の時価は12,000となっている。

④ ×2年3月31日のS社の財務諸表は下記のとおりである。

| 資　産 | 210,000 | 負　債 | 70,000 |
|---|---|---|---|
| （内，土地 9,000） | | 資　本　金 | 20,000 |
| | | 資本剰余金 | 10,000 |
| | | 利益剰余金 | 110,000 |
| | | （内，当期純利益 10,000） | |

＊資産のうち，土地（簿価9,000）の時価は13,000となっている。

⑤ のれんは発生年度の翌年より10年間で均等償却を行う。
⑥ 法定実効税率は40%とする。

## 【解答・解説】

### 1. 持分法による投資利益の計上

| S 社株式 | 3,000 / 持分法による投資利益 | 3,000*1 |
|---|---|---|

*1 当期純利益 10,000 × 30% = 3,000

### 2. のれん相当額の償却

| 持分法による投資利益 1,446*2 / S 社株式 | 1,446 |
|---|---|

*2 14,460*3 ÷ 10 = 1,446
*3 持分法による投資評価額に含まれるのれん
　54,000 − {(20,000 + 10,000 + 100,000) × 30% + 評価差額 540*4} = 14,460
*4 (12,000（時価）− 9,000（簿価）) × 30% × (1 − 40%（実効税率）) = 540

### 3. S 社の資産負債の時価評価

| 土　　地 | 4,000 / 評価差額 | 2,400*5 |
|---|---|---|
|  |  　　繰延税金負債 | 1,600 |

*5 (13,000（支配獲得日の時価）− 9,000（簿価）) × (1 − 40%（実効税率）) = 2,400

### 4. 支配獲得日における S 社株式の時価評価

支配獲得前に保有していた S 社株式 360 株について，支配獲得日の時価（@180）により評価し，持分法による評価額との差額を段階取得に係る損益とする。

| S 社株式 | 9,246 / 段階取得に係る差益 | 9,246*6 |
|---|---|---|

*6 (@180 × 360 株) − (54,000 + 3,000*1 − 1,446*2) = 9,246

### 5. 投資と資本の相殺消去（持分法から連結への移行）

| 資　本　金 | 20,000 | S 社株式 | 151,200*7 |
|---|---|---|---|
| 資本剰余金 | 10,000 | 非支配株主持分 | 42,720*8 |
| 利益剰余金 | 110,000 |  |  |
| 評価差額 | 2,400 |  |  |
| の　れ　ん | 51,520*9 |  |  |

*7 @180 × (360 株 + 480 株) = 151,200
*8 (20,000 + 10,000 + 110,000 + 2,400*5) × 30% = 42,720
*9 貸借差額

持分法による投資評価額に含まれていたのれんの未償却部分も新たに計算されたのれんに含まれることとなり、のれん全体を翌年より改めて新たな償却期間にわたり償却する。

## Q2 連結子会社から持分法適用会社への移行

*Question*

◆当社はS社株式の70%を保有し、S社を連結子会社としていましたが、当期においてS社株式の40%を売却し、S社を持分法適用会社とすることとしました。この場合、連結上どのような会計処理を行うか教えて下さい。

《実務上の ポイント》

▶連結子会社の株式の一部売却により当該会社に対する支配を失い、当該会社が持分法適用会社となった場合には、当該会社に対する投資の金額を持分法による投資評価額に修正する必要がある。

### 1. 連結子会社から持分法適用会社への移行の留意点

連結子会社の株式の一部売却により当該会社に対する支配を失い、当該会社が関連会社となった場合には、売却後の持分については、原則として持分法を適用することとなります。

すなわち、この場合には、当該会社の個別貸借対照表はもはや連

結されないため，連結貸借対照表上，親会社の個別貸借対照表に計上されている当該関連会社株式の帳簿価額を持分法による投資評価額に修正することが必要となります。

また，株式の一部売却による売却損益は親会社の個別上で計上されることとなりますが，対象会社に対する投資の評価額は個別財務諸表（取得原価評価）と連結財務諸表（持分法による投資評価）とで異なっていることから，連結財務諸表上において株式売却損益の調整も必要となります。この点は，支配が継続される範囲で連結子会社の一部売却を実施した場合と同様です。

## 2. 設 例

【設例2-2】
　×3年3月31日に，P社はS社株式の一部売却によりS社を持分法適用会社とした。次の前提条件を基に，×3年3月期の連結仕訳を答えなさい。

＜前提条件＞
① ×1年3月31日にP社はS社株式840株（持分割合70％）を総額100,800で購入し，S社を連結子会社とした。
② P社は×3年3月31日に480株（持分割合40％）を総額86,400で売却し，S社を持分法適用会社とした（保有割合30％）。
③ ×1年3月31日のS社の財務諸表は下記のとおりである。

| 資　産 | 200,000 | 負　債 | 70,000 |
|---|---|---|---|
| （内，土地9,000） | | 資　本　金 | 20,000 |
| | | 資本剰余金 | 10,000 |
| | | 利益剰余金 | 100,000 |

＊資産のうち，土地（簿価9,000）の時価は12,000となっている。

④ ×3年3月31日のS社の財務諸表は下記のとおりである。

| 資　　産 | 230,000 | 負　　債 | 70,000 |
|---|---|---|---|
| （内，土地 9,000） | | 資　本　金 | 20,000 |
| | | 資本剰余金 | 10,000 |
| | | 利益剰余金 | 130,000 |
| | | （内，×2年3月期当期純利益 20,000） | |
| | | （内，×3年3月期当期純利益 10,000） | |

＊資産のうち，土地（簿価 9,000）の時価は 13,000 となっている。

⑤ のれんは発生年度の翌年より 10 年間で均等償却を行う。
⑥ 法定実効税率は 40％とする。
⑦ P社にはS社以外に連結子会社があり，連結財務諸表を作成するものとする。

## 【解答・解説】

### 1. 子会社の資産負債の時価評価

| 土　　地 | 3,000 | 評価差額 | 1,800＊1 |
|---|---|---|---|
| | | 繰延税金負債 | 1,200 |

＊1 （12,000（支配獲得日の時価）－9,000（簿価））×（1－40％（実行税率））＝1,800

### 2. 開始仕訳

| 資　本　金 | 20,000 | S社株式 | 100,800 |
|---|---|---|---|
| 資本剰余金 | 10,000 | 非支配株主持分 | 45,540＊3 |
| 利益剰余金 | 106,854＊2 | | |
| 評価差額 | 1,800＊1 | | |
| の れ ん | 7,686＊4 | | |

＊2 支配獲得時利益剰余金 100,000 ＋ ×2年3月期非支配株主損益 6,000＊5
　　＋ ×1年度のれん償却額 854＊6 ＝ 106,854
＊3 （20,000 ＋ 10,000 ＋ 120,000＊7 ＋ 1,800＊1）× 30％ ＝ 45,540
＊4 8,540＊8 － 854＊6 ＝ 7,686
＊5 ×2年3月期当期純利益 20,000 × 30％ ＝ 6,000
＊6 8,540 ÷ 10 年 ＝ 854
＊7 ×1年3月期利益剰余金 100,000 ＋ ×2年3月期当期純利益 20,000 ＝ 120,000
＊8 100,800 －（20,000 ＋ 10,000 ＋ 100,000 ＋ 1,800＊1）× 70％ ＝ 8,540

## 3. 当期純利益の非支配株主への按分

| 非支配株主に帰属する<br>当期純利益 | 3,000*9 | 非支配株主持分 | 3,000 |
|---|---|---|---|

*9 ×3年3月期当期純利益 10,000 × 30% = 3,000

## 4. のれんの償却

| のれん償却額 | 854*6 | のれん | 854 |
|---|---|---|---|

## 5. 評価差額及び開始仕訳の振り戻し

S社株式の一部売却に伴い,S社は持分法適用会社となるため,評価差額及び開始仕訳を振り戻す。

| 評価差額 | 1,800*1 | 土　　地 | 3,000 |
|---|---|---|---|
| 繰延税金負債 | 1,200 | | |
| S社株式 | 100,800 | 資　本　金 | 20,000 |
| 非支配株主持分 | 45,540*3 | 資本剰余金 | 10,000 |
| | | 利益剰余金 | 106,854*2 |
| | | 評価差額 | 1,800*1 |
| | | の　れ　ん | 7,686*4 |

## 6. S社個別貸借対照表の連結除外

S社株式は期末(×3年3月31日)に売却されたため,S社の×3年3月期の損益計算書のみを連結し,×3年3月期の貸借対照表は連結除外とする。

| 負　　債 | 70,000 | 資　　産 | 230,000 |
|---|---|---|---|
| 資　本　金 | 20,000 | | |
| 資本剰余金 | 10,000 | | |
| 利益剰余金(期首残高) | 120,000*7 | | |
| 利益剰余金(連結除外) | 10,000 | | |

## 7. S社株式の持分法による評価及び非支配株主持分の振り戻し
(1) 過年度分(×2年3月期分)

過年度に計上された取得後利益剰余金及びのれん償却額のうち，売却前のP社持分額を投資の修正額として処理する。

| | | | |
|---|---|---|---|
| S 社株式 | 13,146[*10] | 利益剰余金（期首残高） | 13,146 |

　*10　×2年3月期当期純利益 20,000 ×売却前P社持分 70% － ×2年3月期のれん償却額 854[*6] ＝ 13,146

(2) 当期分（×3年3月期分）

連結除外年度（×3年3月期）に計上されたS社の当期純利益を取得後利益剰余金として計上し，そのうち売却前のP社持分額を投資の修正額として計上する。

| | | | |
|---|---|---|---|
| S 社株式 | 7,000[*11] | 利益剰余金（連結除外） | 10,000 |
| 非支配株主持分 | 3,000[*9] | | |

　*11　×3年3月期当期純利益 10,000 ×売却前親会社持分比率 70% ＝ 7,000

8. のれん償却額の持分法による投資の修正

連結除外年度（×3年3月期）に計上されたのれん償却額を親会社の投資修正額として計上する。

| | | | |
|---|---|---|---|
| の れ ん | 854[*6] | S 社株式 | 854 |

9. 子会社株式売却損益の修正

S社株式の投資の修正額のうち，売却持分に対応する部分（既に連結上損益処理されている部分のみ）を子会社株式売却損益の修正として処理する。

| | | | |
|---|---|---|---|
| S 社株式売却益 | 11,024[*12] | S 社株式 | 11,024 |

　*12　売却前の投資の修正額（13,146[*10] ＋ 7,000[*11] － 854[*6]）× 40% ÷ 70%
　　　＝ 11,024

（参考）×3年3月期P社連結貸借対照表におけるS社株式の簿価：51,468[*13]
　*13　(20,000 ＋ 10,000 ＋ 130,000 ＋ 1,800[*1])×売却後親会社持分比率 30% ＋ のれん未償却残高相当額 2,928[*14] ＝ 51,468
　*14　×3年3月期末のれん残高 6,832[*15] × 30% ÷ 70% ＝ 2,928
　*15　のれん 8,540[*8] － 854[*6] ×経過年数 2年 ＝ 6,832

# Q3 過去に追加取得や一部売却がなされた子会社株式について、さらに一部売却を行った結果、関連会社となる場合の会計処理

===== Question =====

◆過去に追加取得や一部売却（ただし、支配を喪失していない）を行ったことがある子会社株式について、今期において一部を売却して支配を喪失したことから連結子会社から関連会社となり、持分法を適用することとなりました。この場合の会計処理を教えて下さい。

《実務上の ポイント》

▶支配獲得後に追加取得や一部売却を行った後に、一部売却により支配を喪失して持分法適用会社となった場合においては、売却した持分に対応するのれんの未償却残高の取り崩しが発生する。その際に減額するのれんの算定方法については、支配獲得後の持分比率等を勘案し、適切な方法に基づき算定することになる。

▶子会社株式の追加取得及び一部売却等によって生じた資本剰余金については、一部売却により関連会社となる場合であっても、引き続き連結財務諸表上も資本剰余金として計上し、一部売却による取り崩し処理は行わない。

## 1. 子会社株式の一部売却を行った場合の留意点

平成25年改正連結会計基準により、支配獲得後に子会社株式を追加取得するケース、又は一部を売却する（ただし、売却後におい

ても支配を喪失しない）ケースにおいては，追加取得持分と追加投資額との間に生じた差額は資本剰余金として処理され，また，売却持分と売却価額との間に生じた差額も資本剰余金として処理されることとなり，いずれも損益には影響しないこととなりました（序章参照）。これに呼応して，支配獲得時においてのれんが計上されるケースで，その後に子会社株式の一部売却があった場合においても親会社と子会社の支配関係が継続している場合には，支配獲得時に計上したのれんの未償却額についての取り崩しは行わないこととされました（すなわち，「親会社と子会社の支配関係が継続している中では，持分の変動があっても損益は生じない」という整理がなされました）。

　これに対し，支配獲得後に追加取得や一部売却が行われた後に子会社株式を一部売却し，支配を喪失して関連会社となった場合には，当該会社の個別貸借対照表はもはや連結されないため，連結貸借対照表上，親会社の個別貸借対照表上に計上している当該関連会社株式の帳簿価額は，当該会社に対する支配喪失日まで連結財務諸表に計上した取得後利益剰余金及びその他の包括利益累計額並びにのれん償却累計額の合計額（以下「投資の修正額」という）のうち売却後持分額を加減し，持分法による投資評価額に修正することが必要となります。また，売却前の投資の修正額とこのうち売却後の株式に対応する部分との差額（その他の包括利益累計額を除く）については，個別財務諸表で計上した子会社株式売却損益の修正として処理することになります。

　すなわち，子会社株式の一部売却により支配を喪失して関連会社となる場合には，連結上，以下の手続きが必要となります。

　①　開始仕訳の振り戻し

② 子会社貸借対照表の連結除外処理
③ 持分法による評価及び非支配株主持分の振り戻し
④ 株式売却損益の修正

　また，一部売却により支配を喪失する場合には，のれんの未償却額のうち売却した株式に対応する額について取り崩しが行われます。この場合には，支配獲得後の持分比率の推移等を勘案し，のれんの未償却額のうち，支配獲得時の持分比率に占める関連会社として残存する持分比率に相当する額を算定する方法や，支配喪失時の持分比率に占める関連会社として残存する持分比率に相当する額を算定する方法などの中から，適切な方法に基づき，関連会社として残存する持分比率に相当するのれんの未償却残高を算定することとなります。

　ただし，子会社株式の追加取得及び一部売却等によって生じた資本剰余金は，あくまで支配関係が維持された企業グループ間の取引で生じたものであるので，一部売却により関連会社となる場合であっても引き続き連結財務諸表上も資本剰余金として計上し，一部売却による取り崩し処理は実施されませんので留意が必要です。

## 2. 設　例

【設例2-3】
　株式の追加取得により持分割合が60％（連結）から80％（連結）になり，その後，一部売却（50％）をして30％（持分法）となった場合，次の前提条件を基に，×1年3月期，×2年3月期，×3年3月期の連結修正仕訳を答えなさい。

<前提条件>

① ×1年3月31日にP社はS社株式720株(持分割合60%)を総額108,000で購入し,S社を連結子会社とした。

② P社は×2年3月31日にS社株式240株(持分割合20%)を総額36,000で追加購入した。

③ P社は×3年3月31日にS社株式600株(持分割合50%)を総額97,200で売却し,S社を持分法適用会社とした。(※1)

④ ×1年3月31日のS社の財務諸表は下記のとおりである。

| 資　産　　　　156,000 | 負　債　　　　60,000 |
|---|---|
| （内,土地 96,000） | 資　本　金　　60,000 |
| | 利益剰余金　　36,000 |

＊資産のうち,土地(簿価96,000)の時価は176,000となっている。

⑤ ×2年3月31日のS社の財務諸表は下記のとおりである。

| 資　産　　　　198,000 | 負　債　　　　60,000 |
|---|---|
| （内,土地 96,000） | 資　本　金　　60,000 |
| | 利益剰余金　　78,000 |
| | （当期純利益　42,000） |

⑥ ×3年3月31日のS社の財務諸表は下記のとおりである。

| 資　産　　　　210,000 | 負　債　　　　60,000 |
|---|---|
| （内,土地 96,000） | 資　本　金　　60,000 |
| | 利益剰余金　　90,000 |
| | （当期純利益　12,000） |

⑦ のれんは発生年度の翌年より10年間で均等償却を行う。

⑧ 法定実効税率は40%とする。

(※1) 持分法による投資評価額に含まれるのれんの未償却額については,支配獲得時の持分比率に占める関連会社として残存する持分比率に相当する額を算定する方法によって算定している。

## 【解答・解説】

### 1. ×1年3月期（新規取得年度）の連結修正仕訳

#### (1) S社の資産負債の時価評価

| 土　　地 | 80,000 | 評価差額 | 48,000*1 |
|---|---|---|---|
| | | 繰延税金負債 | 32,000 |

*1 （176,000（支配獲得時の時価）− 96,000（簿価））×（1 − 40%（実効税率））
= 48,000

#### (2) 投資と資本の相殺消去

| 資　本　金 | 60,000 | S社株式 | 108,000 |
|---|---|---|---|
| 利益剰余金 | 36,000 | 非支配株主持分 | 57,600*2 |
| 評価差額 | 48,000 | | |
| の　れ　ん | 21,600*3 | | |

*2 （60,000 + 36,000 + 48,000（×1年3月期S社修正後純資産））× 40%（非支配株主持分）= 57,600
*3 108,000（S社株式取得価額）−（60,000 + 36,000 + 48,000（×1年3月期S社修正後純資産））× 60%（S社株式取得割合）= 21,600

### 2. ×2年3月期（追加取得年度）の連結修正仕訳

#### (1) S社の資産負債の時価評価

| 土　　地 | 80,000 | 評価差額 | 48,000*4 |
|---|---|---|---|
| | | 繰延税金負債 | 32,000 |

*4 （176,000（支配獲得時の時価）− 96,000（簿価））×（1 − 40%（実効税率））
= 48,000

#### (2) ×2年3月期の開始仕訳（投資と資本の相殺消去）

| 資　本　金 | 60,000 | S社株式 | 108,000 |
|---|---|---|---|
| 利益剰余金 | 36,000 | 非支配株主持分 | 57,600*5 |
| 評価差額 | 48,000 | | |
| の　れ　ん | 21,600*6 | | |

*5 （60,000 + 36,000 + 48,000（×1年3月期S社修正後純資産））× 40%（非支配株主持分）= 57,600
*6 貸借差額

### (3) 当期純利益の非支配株主への按分

| 非支配株主に帰属する 16,800 | 非支配株主持分 16,800*7 |
|---|---|
| 当期純利益 | |

*7　42,000（×2年3月期当期純利益）× 40%（非支配株主持分）= 16,800

### (4) のれんの償却

| のれん償却　2,160 | の れ ん　2,160*8 |
|---|---|

*8　21,600 × 1 ÷ 10 = 2,160

### (5) 追加取得分

| 非支配株主持分　37,200*9 | S社株式　　　36,000 |
|---|---|
| | 資本剰余金　　1,200*10 |

*9　(60,000 + 78,000 + 48,000（×2年3月期S社修正後純資産))× 20%（追加取得持分）= 37,200
　　または，(57,600 + 16,800（追加取得直前の非支配株主持分))× 20% ÷ 40% = 37,200
*10　貸借差額

## 3. ×3年3月期（一部売却年度（親会社と子会社の支配関係が喪失））の連結修正仕訳

### (1) S社の資産負債の時価評価

| 土　　　地　　80,000 | 評価差額　　　48,000*11 |
|---|---|
| | 繰延税金負債　32,000 |

*11　(176,000（支配獲得時の時価）− 96,000（簿価))×(1 − 40%（実効税率)) = 48,000

### (2) ×3年3月期の開始仕訳（投資と資本の相殺消去）

| 資　本　金　　60,000 | S社株式　　　144,000*12 |
|---|---|
| 利益剰余金　　54,960*13 | 非支配株主持分　37,200*14 |
| 評価差額　　　48,000 | 資本剰余金　　1,200*15 |
| の れ ん　　19,440*16 | |

*12　108,000 + 36,000 = 144,000
*13　36,000 + 16,800 + 2,160 = 54,960
*14　(60,000 + 78,000 + 48,000（×2年3月期S社修正後純資産))× 20%（非

支配株主持分) = 37,200
* 15 ×2年3月期追加取得に係る消去差額
* 16 21,600 − 2,160 = 19,440

(3) 当期純利益の非支配株主への按分

| | | | |
|---|---|---|---|
| 非支配株主に帰属する<br>当期純利益 | 2,400 | 非支配株主持分 | 2,400*17 |

* 17　12,000（×3年3月期当期純利益）×20%（非支配株主持分）= 2,400

(4) のれんの償却

| | | | |
|---|---|---|---|
| のれん償却 | 2,160 | の　れ　ん | 2,160*18 |

* 18　21,600 × 1 ÷ 10 = 2,160

(5) 一部売却（親会社と子会社の支配関係が喪失）

① 開始仕訳の振り戻し

S社株式の一部売却に伴い，S社は持分法適用会社となるため，評価差額及び開始仕訳を振り戻す。

| | | | |
|---|---|---|---|
| 評価差額<br>繰延税金負債 | 48,000<br>32,000 | 土　　　地 | 80,000 |

| | | | |
|---|---|---|---|
| S社株式<br>非支配株主持分<br>資本剰余金 | 144,000<br>37,200<br>1,200 | 資　本　金<br>利益剰余金<br>評価差額<br>の　れ　ん | 60,000<br>54,960<br>48,000<br>19,440 |

② 子会社貸借対照表の連結除外処理

S社株式は期末（×3年3月31日）に売却されたため，S社の×3年3月期の損益計算書のみを連結し，×3年3月期の貸借対照表は連結除外とする。

| | | | |
|---|---|---|---|
| 負　　債<br>資　本　金<br>利益剰余金(期首残高)<br>利益剰余金(連結除外) | 60,000<br>60,000<br>78,000<br>12,000 | 資　　産 | 210,000 |

③ 持分法による評価及び非支配株主持分の振り戻し
(ア) 過年度（×2年3月期）に計上された取得後利益剰余金及びのれん償却額のうち，売却前の親会社持分額を投資の修正額として処理する。

| S社株式 | 25,200 | / | 利益剰余金（期首残高） | 25,200[*19] |
|---|---|---|---|---|

[*19] 42,000（×2年3月期当期純利益）×60％（売却前親会社持分比率）＝25,200

| 利益剰余金（期首残高） | 2,160 | / | S社株式 | 2,160[*20] |
|---|---|---|---|---|

[*20] ×2年度ののれん償却額

(イ) 連結除外年度（×3年3月期）に計上されたS社の当期純利益を取得後利益剰余金として計上し，そのうち売却前の親会社持分額を投資の修正額として計上する。

| S社株式 | 9,600[*21] | / | 利益剰余金（連結除外） | 12,000 |
|---|---|---|---|---|
| 非支配株主持分 | 2,400 | | | |

[*21] 12,000（×3年3月期当期純利益）×80％（売却前親会社持分比率）＝9,600

(ウ) 連結除外年度（×3年3月期）に計上されたのれん償却額を親会社の投資修正額として計上する。

| のれん | 2,160 | / | S社株式 | 2,160[*22] |
|---|---|---|---|---|

[*22] ×3年3月期ののれん償却額

(エ) 支配継続中に生じた親会社の持分変動による差額（資本剰余金）を，投資の修正額として計上する。

| S社株式 | 1,200 | / | 資本剰余金 | 1,200 |
|---|---|---|---|---|

④ 子会社株式売却損益の修正
　S社株式投資の修正額のうち，売却持分に対応する部分（既に連結上損益処理されている部分のみ）を子会社株式売却損益の修正として処理する。

```
S社株式売却益    7,200*23  /  S社株式    17,640*25
S社株式売却損   10,440*24
```

*23
（個別上の売却損益）
97,200（売却価額）−｛(108,000 + 36,000（個別売却前S社株式簿価))× 50% ÷ 80%｝= 7,200（売却益）

*24
（持分法適用後の売却損益）
（ⅰ）売却価額：97,200
（ⅱ）売却簿価：① + ② = 107,640
　（関連会社の修正後純資産に対する一部売却持分比率に対応する額）
　　(60,000 + 90,000 + 48,000（×3年3月期S社修正後純資産))× 50%
　　（一部売却持分比率）= 99,000…①
　（のれんの未償却額）
　　(19,440 − 2,160)× 30% ÷ 60% = 8,640…②
（ⅲ）（ⅰ）−（ⅱ）= △10,440（売却損）

*25　貸借差額

又は，

*23
（個別上の売却損益）
97,200（売却価額）−｛(108,000 + 36,000（個別売却前S社株式簿価))× 50% ÷ 80%｝= 7,200（売却益）

*24　貸借差額

*25
（ⅰ）売却前の投資の修正額：25,200 − 2,160 + 9,600 − 2,160 + 1,200 = 31,680
（ⅱ）売却後の投資の修正額：① + ② − ③ = 14,040
　（関連会社の修正後純資産に対する持分比率に対応する額）
　　(60,000 + 90,000 + 48,000（×3年3月期S社修正後純資産))× 30%
　　（一部売却後持分比率）= 59,400…①
　（のれんの未償却額）
　　(19,440 − 2,160)× 30%/60% = 8,640…②
　（個別財務諸表の帳簿価額）
　　(108,000 + 36,000（個別売却前S社株式簿価))× 30%/80% = 54,000…③
（ⅲ）投資の修正額のうち，売却持分に対応する部分：（ⅰ）−（ⅱ）= 17,640

## 【設例2-4】

　株式の一部売却により持分割合が80％（連結）から60％（連結）になり，その後，一部売却（30％）をして30％（持分法）となった場合，次の前提条件を基に，×1年3月期，×2年3月期，×3年3月期の連結修正仕訳を答えなさい。

<前提条件>
① ×1年3月31日にP社はS社株式960株（持分割合80%）を総額144,000で購入し，S社を連結子会社とした。
② P社は×2年3月31日にS社株式240株（持分割合20%）を総額43,200で売却した。
③ P社は×3年3月31日にS社株式360株（持分割合30%）を総額60,000で売却し，S社を持分法適用会社とした。（※1）
④ ×1年3月31日のS社の財務諸表は下記のとおりである。

| 資　産 | 168,000 | 負　債 | 60,000 |
|---|---|---|---|
| （内，土地 96,000） | | 資　本　金 | 60,000 |
| | | 利益剰余金 | 48,000 |

＊資産のうち，土地（簿価96,000）の時価は196,000となっている。

⑤ ×2年3月31日のS社の財務諸表は下記のとおりである。

| 資　産 | 186,000 | 負　債 | 60,000 |
|---|---|---|---|
| （内，土地 96,000） | | 資　本　金 | 60,000 |
| | | 利益剰余金 | 66,000 |
| | | （当期純利益 | 18,000） |

⑥ ×3年3月31日のS社の財務諸表は下記のとおりである。

| 資　産 | 198,000 | 負　債 | 60,000 |
|---|---|---|---|
| （内，土地 96,000） | | 資　本　金 | 60,000 |
| | | 利益剰余金 | 78,000 |
| | | （当期純利益 | 12,000） |

⑦ のれんは発生年度の翌年より10年間で均等償却を行う。
⑧ 法定実効税率は40%とする。

（※1）持分法による投資評価額に含まれるのれんの未償却額については，支配獲得時の持分比率に占める関連会社として残存する持分比率に相当する額を算定する方法によって算定している。

## 【解答・解説】

### 1. ×1年3月期（新規取得年度）の連結修正仕訳

#### (1) S社の資産負債の時価評価

| 土　　　地 | 100,000 | 評価差額 | 60,000*1 |
|---|---|---|---|
| | | 繰延税金負債 | 40,000 |

*1 （196,000（支配獲得時の時価）− 96,000（簿価））×（1 − 40%（実効税率））
 = 60,000

#### (2) 投資と資本の相殺消去

| 資　本　金 | 60,000 | S社株式 | 144,000 |
|---|---|---|---|
| 利益剰余金 | 48,000 | 非支配株主持分 | 33,600*2 |
| 評価差額 | 60,000 | | |
| の　れ　ん | 9,600*3 | | |

*2 （60,000 + 48,000 + 60,000（×1年3月期S社修正後純資産））× 20%（非支配株主持分）= 33,600
*3 144,000（S社株式取得価額）−（60,000 + 48,000 + 60,000（×1年3月期S社修正後純資産））× 80%（S社株式取得割合）= 9,600

### 2. ×2年3月期（一時売却年度（親会社と子会社の支配関係は継続））の連結修正仕訳

#### (1) S社の資産負債の時価評価

| 土　　　地 | 100,000 | 評価差額 | 60,000*4 |
|---|---|---|---|
| | | 繰延税金負債 | 40,000 |

*4 （196,000（支配獲得時の時価）− 96,000（簿価））×（1 − 40%（実効税率））
 = 60,000

#### (2) ×2年3月期の開始仕訳（投資と資本の相殺消去）

| 資　本　金 | 60,000 | S社株式 | 144,000 |
|---|---|---|---|
| 利益剰余金 | 48,000 | 非支配株主持分 | 33,600*5 |
| 評価差額 | 60,000 | | |
| の　れ　ん | 9,600*6 | | |

*5 （60,000 + 48,000 + 60,000（×1年3月期S社修正後純資産））× 20%（非支配株主持分）= 33,600
*6 貸借差額

第 2 章 組織再編　*175*

(3) 当期純利益の非支配株主への按分

| 非支配株主に帰属する<br>当期純利益 | 3,600 | / | 非支配株主持分 | 3,600*7 |

＊7　18,000（×2年3月期当期純利益）× 20%（非支配株主持分）= 3,600

(4) のれんの償却

| のれん償却 | 960 | / | の　れ　ん | 960*8 |

＊8　9,600 × 1 ÷ 10 = 960

(5) 一部売却（親会社と子会社の支配関係は継続）

| S 社株式 | 36,000*9 | / | 非支配株主持分 | 37,200*10 |
| S 社株式売却益 | 7,200*11 | | 資本剰余金 | 6,000*12 |

＊9　144,000（S 社株式帳簿価額）× 20% ÷ 80% = 36,000
＊10　(60,000 + 66,000 + 60,000（×2年3月期 S 社修正後純資産))× 20%（一部売却持分比率）= 37,200
＊11　個別上の売却損益：43,200 − 36,000 = 7,200
＊12　貸借差額

3. ×3年3月期（一部売却年度（親会社と子会社の支配関係が喪失））の連結修正仕訳

(1) 子会社の資産負債の時価評価

| 土　　　地 | 100,000 | / | 評価差額 | 60,000*13 |
| | | | 繰延税金負債 | 40,000 |

＊13　(196,000（支配獲得時の時価）− 96,000（簿価))×(1 − 40%（実効税率))= 60,000

(2) ×3年3月期の開始仕訳（投資と資本の相殺消去）

| 資　本　金 | 60,000 | / | S 社株式 | 108,000*14 |
| 利益剰余金 | 59,760*15 | | 非支配株主持分 | 74,400*16 |
| 評価差額 | 60,000 | | 資本剰余金 | 6,000*17 |
| の　れ　ん | 8,640*18 | | | |

＊14　144,000 − 36,000 = 108,000
＊15　48,000 + 3,600 + 960 + 7,200 = 59,760

*16　(60,000 + 66,000 + 60,000（×2年3月期S社修正後純資産))× 40%（非支配株主持分）= 74,400
*17　×2年3月期一部売却に係る消去差額
*18　9,600 − 960 = 8,640

(3) 当期純利益の非支配株主への按分

| 非支配株主に帰属する当期純利益 | 4,800 | 非支配株主持分 | 4,800*19 |
|---|---|---|---|

*19　12,000（×3年3月期当期純利益）× 40%（非支配株主持分）= 4,800

(4) のれんの償却

| のれん償却 | 960 | のれん | 960*20 |
|---|---|---|---|

*20　9,600 × 1 ÷ 10 = 960

(5) 一部売却（親会社と子会社の支配関係が喪失）

① 開始仕訳の振り戻し

S社株式の一部売却に伴い，S社は持分法適用会社となるため，評価差額及び開始仕訳を振り戻す。

| 評価差額 | 60,000 | 土　　地 | 100,000 |
|---|---|---|---|
| 繰延税金負債 | 40,000 | | |

| S社株式 | 108,000 | 資　本　金 | 60,000 |
|---|---|---|---|
| 非支配株主持分 | 74,400 | 利益剰余金 | 59,760 |
| 資本剰余金 | 6,000 | 評価差額 | 60,000 |
| | | の　れ　ん | 8,640 |

② 子会社貸借対照表の連結除外処理

S社株式は期末（×3年3月31日）に売却されたため，S社の×3年3月期の損益計算書のみを連結し，×3年3月期の貸借対照表は連結除外とする。

| 負　　債 | 60,000 | 資　　産 | 198,000 |
| 資　本　金 | 60,000 | | |
| 利益剰余金(期首残高) | 66,000 | | |
| 利益剰余金(連結除外) | 12,000 | | |

③ 持分法による評価及び非支配株主持分の振り戻し

(ア) 過年度（×2年3月期）に計上された取得後利益剰余金及びのれん償却額のうち，売却前の親会社持分額を投資の修正額として処理する。

| S社株式 | 14,400 | 利益剰余金(期首残高) | 14,400[21] |

*21　18,000（×2年3月期当期純利益）× 80%（売却前親会社持分比率）= 14,400

| 利益剰余金(期首残高) | 960 | S社株式 | 960[22] |

*22　×2年3月期のれん償却額

(イ) 支配継続中に生じた親会社の持分変動による差額（資本剰余金）を，投資の修正額として計上する。

| 利益剰余金(期首残高) | 6,000 | 資本剰余金 | 6,000 |
| S社株式 | 6,000 | 利益剰余金(期首残高) | 6,000 |

(ウ) 連結除外年度（×3年3月期）に計上されたS社の当期純利益を取得後利益剰余金として計上し，そのうち売却前の親会社持分額を投資の修正額として計上する。

| S社株式 | 7,200[23] | 利益剰余金(連結除外) | 12,000 |
| 非支配株主持分 | 4,800 | | |

*23　12,000（×3年3月期当期純利益）× 60%（売却前親会社持分比率）= 7,200

(エ) 連結除外年度（×3年3月期）に計上されたのれん償却額を親会社の投資修正額として計上する。

| のれん | 960 | / | S社株式 | 960[*24] |
|---|---|---|---|---|

*24 ×3年3月期のれん償却額

### ④ 株式売却損益の修正

S社株式投資の修正額のうち，売却持分に対応する部分（既に連結上損益処理されている部分のみ）をS社株式売却損益の修正として処理する。

| S社株式売却益 | 6,000[*25] | / | S社株式 | 10,200[*27] |
|---|---|---|---|---|
| S社株式売却損 | 4,200[*26] | | | |

*25
（個別上の売却損益）
60,000（売却価額）−｛(144,000 − 36,000（個別売却前S社株式簿価))× 30%/60%｝= 6,000（売却益）

*26
（持分法適用後の売却損益）
( i ) 売却価額：60,000
(ii) 売却簿価：① + ② + ③ = 64,200
　　（関連会社の修正後純資産に対する一部売却持分比率に対応する額）
　　　(60,000 + 78,000 + 60,000（×3年3月期S社修正後純資産))× 30%
　　　（一部売却持分比率）= 59,400…①
　　（のれんの未償却額）
　　　(8,640 − 960)× 30%/80% = 2,880…②
　　（子会社株式を一部売却した際に減額されなかったのれんの未償却額）
　　　(8,640 − 960)× 20%/80% = 1,920…③
(iii) ( i )−(ii) = △4,200（売却損）

*27 貸借差額

又は，

*25
（個別上の売却損益）
60,000（売却価額）−｛(144,000 − 36,000（個別売却前S社株式簿価))× 30%/60%｝= 6,000（売却益）

*26 貸借差額
*27
( i ) 売却前の投資の修正額：14,400 − 960 + 7,200 − 960 + 6,000 = 25,680
(ii) 売却後の投資の修正額：① + ② + ③ + ④ − ⑤ = 15,480
　　（関連会社の修正後純資産に対する持分比率に対応する額）
　　　(60,000 + 78,000 + 60,000（×3年3月期S社修正後純資産))× 30%
　　　（一部売却持分比率）= 59,400…①
　　（のれんの未償却額）
　　　(8,640 − 960)× 30%/80% = 2,880…②

第2章 組織再編 179

> (売却持分に対応する子会社の取得後利益剰余金)
>   ×2年3月期：18,000×(80% − 60%) = 3,600…③
>   ×3年3月期：12,000×(60% − 30%) = 3,600…④
> (個別財務諸表の帳簿価額)
>   (144,000 − 36,000（個別売却前S社株式簿価))× 30%/60% = 54,000…⑤
> (ⅲ) 投資の修正額のうち，売却持分に対応する部分：(ⅰ) − (ⅱ) = 10,200

## Q4 子会社株式の売却による原価法への移行

==== Question ====

◆当社はS社株式の70%を保有し，S社を連結子会社としていましたが，当期においてS社株式の60%を売却し，S社を連結の範囲から除外することとしました。この場合，どのような会計処理を行うか教えて下さい。

《実務上の ポイント》
▶連結財務諸表上，残存する被投資会社に対する投資は，個別貸借対照表上の帳簿価額をもって評価する。
▶残存する投資に係る売却時点の連結上の簿価と個別上の簿価との差額について連結株主資本等変動計算書上の利益剰余金の区分にて調整する。

### 1．子会社株式の売却による原価法への移行の留意点

子会社株式の一部を売却し，当該会社が子会社及び関連会社のいずれにも該当しなくなる場合，売却後に残存する投資は通常の株式

投資となんら変わらないため,連結財務諸表上においても,残存する当該投資を個別上の簿価で評価します。

この際,連結財務諸表上は残存投資額は株式の売却前においては過年度の損益や為替の影響を反映した連結上の簿価で評価されているため,これを個別上の簿価で評価し直す際に差額が生じます。当該差額は,投資の本質が変化したことによる評価方法の変更により発生するものであることから,連結株主資本等変動計算書上の利益剰余金の区分に「連結除外に伴う利益剰余金減少高(又は増加高)」等その内容を示す適当な名称をもって計上し,損益計算書には影響させません。

また,この場合の子会社株式売却損益の修正額は,連結子会社から持分法適用会社に移行した場合に準じて算定されます(本章Q2参照)。

## 2. 設　例

【設例2-5】
　次の前提条件を基に,×3年3月期の連結仕訳を答えなさい。

＜前提条件＞
① ×1年3月31日にP社はS社株式840株(持分割合70％)を総額126,000で購入しS社を連結子会社とした。
② P社は×3年3月31日に720株(持分割合60％)を総額151,200で売却しS社を連結の範囲から除外した。
③ ×1年3月31日のS社の財務諸表は下記のとおりである。

| 資　産 | 200,000 | 負　債 | 70,000 |
|---|---|---|---|
| （内,土地9,000) | | 資本金 | 20,000 |
| | | 資本剰余金 | 10,000 |
| | | 利益剰余金 | 100,000 |

＊資産のうち,土地(簿価9,000)の時価は12,000となっている。

④ ×3年3月31日のS社の財務諸表は下記のとおりである。

| 資　　産 | 230,000 | 負　　債 | 70,000 |
|---|---|---|---|
| （内，土地 9,000） | | 資　本　金 | 20,000 |
| | | 資本剰余金 | 10,000 |
| | | 利益剰余金 | 130,000 |
| | | （内，×2年3月期当期純利益 20,000） | |
| | | （内，×3年3月期当期純利益 10,000） | |

＊資産のうち，土地（簿価9,000）の時価は13,000となっている。

⑤ のれんは発生年度の翌年より10年間で均等償却を行う。

⑥ 法定実効税率は40％とする。

⑦ P社は，S社以外にも連結子会社があり，連結財務諸表を作成するものとする。

## 【解答・解説】

1. S社の資産負債の時価評価

| 土　　地 | 3,000 | 評価差額 | 1,800 [*1] |
|---|---|---|---|
| | | 繰延税金負債 | 1,200 |

[*1] （12,000（支配獲得日の時価）− 9,000（簿価））×（1 − 40％（実効税率））= 1,800

2. ×3年3月期の開始仕訳（投資と資本の相殺消去）

| 資　本　金 | 20,000 | S社株式 | 126,000 |
|---|---|---|---|
| 資本剰余金 | 10,000 | 非支配株主持分 | 45,540 [*3] |
| 利益剰余金 | 109,374 [*2] | | |
| 評価差額 | 1,800 | | |
| の　れ　ん | 30,366 [*4] | | |

[*2] 支配獲得時利益剰余金 100,000 + ×2年3月期非支配株主損益 6,000 [*5] + ×2年3月期のれん償却額 3,374 [*6] = 109,374

[*3] S社純資産（20,000 + 10,000 + 120,000 [*7] + 評価差額 1,800 [*1]）× 非支配株主持分 30％ = 45,540

[*4] 33,740 [*8] − ×2年3月期のれん償却額 3,374 = 30,366

[*5] ×2年3月期当期純利益 20,000 × 30％ = 6,000

[*6] 33,740 [*8] ÷ 10年 = 3,374

[*7] ×1年3月期利益剰余金 100,000 + ×2年3月期当期純利益 20,000 = 120,000

[*8] 126,000 − S社純資産のP社持分（20,000 + 10,000 + 100,000 + 評価差額 1,800 [*1]）× 70％ = 33,740

### 3. 当期純利益の非支配株主への按分

| | | | |
|---|---|---|---|
| 非支配株主に帰属する<br>当期純利益 | 3,000*9 | 非支配株主持分 | 3,000 |

*9 ×3年3月期当期純利益10,000 × 30% = 3,000

### 4. のれんの償却

| | | | |
|---|---|---|---|
| のれん償却額 | 3,374*6 | のれん | 3,374 |

### 5. 評価差額及び開始仕訳の振り戻し

S社株式の一部売却に伴い，S社は連結除外となるため，評価差額及び開始仕訳を振り戻す。

| | | | |
|---|---|---|---|
| 評価差額 | 1,800*1 | 土　　地 | 3,000 |
| 繰延税金負債 | 1,200 | | |

| | | | |
|---|---|---|---|
| S社株式 | 126,000 | 資　本　金 | 20,000 |
| 非支配株主持分 | 45,540*3 | 資本剰余金 | 10,000 |
| | | 利益剰余金 | 109,374*2 |
| | | 評価差額 | 1,800 |
| | | の　れ　ん | 30,366*4 |

### 6. S社個別貸借対照表の連結除外

S社株式は期末（×3年3月31日）に売却されたため，S社の×3年3月期の損益計算書のみを連結し，×3年3月期の貸借対照表は連結除外とする。

| | | | |
|---|---|---|---|
| 負　　債 | 70,000 | 資　　産 | 230,000 |
| 資　本　金 | 20,000 | | |
| 資本剰余金 | 10,000 | | |
| 利益剰余金(期首残高) | 120,000*7 | | |
| 利益剰余金(連結除外) | 10,000 | | |

### 7. S社株式の売却前持分の評価及び非支配株主持分の振り戻し

(1) 過年度分（×2年3月期分）

過年度に計上された取得後利益剰余金及びのれん償却額のうち，売却前の親会社持分額を投資の修正額として処理する。

| | | | |
|---|---|---|---|
| S社株式 | 10,626*10 | 利益剰余金(期首残高) | 10,626 |

　*10　×2年3月期当期純利益 20,000 ×売却前親会社持分比率 70% － ×2年度のれん償却額 3,374*6 ＝ 10,626

(2) 当期分（×3年3月期分）

　連結除外年度（×3年3月期）に計上されたS社の当期純利益を取得後利益剰余金として計上し，そのうち売却前の親会社持分額を投資の修正額として計上する。

| | | | |
|---|---|---|---|
| S社株式 | 7,000*11 | 利益剰余金(連結除外) | 10,000 |
| 非支配株主持分 | 3,000*9 | | |

　*11　×3年3月期当期純利益 10,000 ×売却前親会社持分比率 70% ＝ 7,000

8．のれん償却額に係る投資の修正

　連結除外年度（×3年3月期）に計上されたのれん償却額を親会社の投資修正額として計上する。

| | | | |
|---|---|---|---|
| の　れ　ん | 3,374*6 | S社株式 | 3,374 |

9．S社株式売却損益の修正

　S社株式投資の修正額のうち，売却持分に対応する部分（既に連結上損益処理されている部分のみ）をS社株式売却損益の修正として処理する。

| | | | |
|---|---|---|---|
| S社株式売却益 | 12,216*12 | S社株式 | 12,216 |

　*12　売却前の投資の修正額（10,626*10 ＋ 7,000*11 － 3,374*6）× 60% ÷ 70% ＝ 12,216

10．S社株式の帳簿価額への修正

　連結除外となった場合，S社株式は個別上の簿価で評価することになるため，売却後のS社株式の連結上の簿価との差額を利益剰余金（連結除外に伴う利益剰余金減少高）に振り替える。

| 利益剰余金(減少高) | 2,036*13 | S社株式 | 2,036 |

*13 売却前の投資の修正額 (10,626*10 + 7,000*6 − 3,374*6) × 10% ÷ 70% = 2,036

## Q5 親会社が子会社を吸収合併する場合の会計処理

***Question***

◆当社はS社株式の70%を保有し，S社を連結子会社としていましたが，当期においてS社を吸収合併することとしました。この場合，どのような会計処理を行うか教えて下さい。

《実務上の **ポイント**》

▶連結上の処理は子会社株式の追加取得と同様となる。
▶吸収合併の際に親会社の単体上で認識する子会社の資産・負債は連結上の評価額にて計上する。
▶連結上の過年度獲得利益相当額が抱合せ株式消滅差損益として親会社の個別上認識される。
▶非支配株主持分相当部分は子会社株式の追加取得と同様に考えるため，持分変動差額は資本剰余金として処理する。

### 1．親会社が子会社を吸収合併する場合の留意点

親会社が非支配株主を有する子会社を吸収合併する場合，連結の

観点からは，親会社が非支配株主から子会社株式を追加取得したと考えられます。このため，連結上の処理は子会社株式の追加取得と同様となります。

一方で個別上の処理においては，子会社の資産負債は合併期日前日に付された適正な帳簿価額にて計上することとされています。このため，合併直前に連結財務諸表上で当該子会社の資産・負債の帳簿価額を修正しているときは，当該修正後の帳簿価額（のれんを含む）により，計上することとなります。

また，合併前の親会社持分相当額については，親会社が合併直前に保有していた子会社株式（抱合せ株式）の適正な帳簿価額との差額を抱合せ株式消滅差損益として認識することとなります。当該抱合せ株式消滅差損益は，連結財務諸表上の過年度における親会社の子会社に対する獲得利益相当額を示しています。

また，合併前の非支配株主持分相当分については，合併において新規に獲得する部分であるため，追加取得の処理と同様に，投資額と投資対象となる子会社の資産・負債のうち非支配株主持分相当部分との差額が資本剰余金として計上されることとなります。支配が継続中である追加取得のため，損益は生じません（第1章Q5参照）。

## 2. 設　例

【設例 2-6】
　×2年4月1日に，P社は連結子会社であったS社を吸収合併した（吸収合併存続会社P社）。次の前提条件を基に，×2年4月1日の合併仕訳を答えなさい。

<前提条件>

① ×1年3月31日にP社はS社株式700株(持分割合70%)を総額112,000で購入し,S社を連結子会社とした。

② P社は×2年4月1日にS社を吸収合併した。なお,S社の発行済株式数は1,000株であり,合併比率は1:1である。

③ P社はS社の非支配株主に新株を300株発行した。なお,合併期日におけるP社株式の時価は1株当たり180である。

④ P社は新株発行に伴う増加すべき株主資本の全額を資本剰余金とした。

⑤ のれんは発生年度の翌年より10年間で均等償却を行う。

⑥ 税効果会計は考慮しないものとする。

⑦ ×1年3月31日のS社の貸借対照表は下記のとおりである。

| 諸 資 産 | 73,000 | 負 債 | 70,000 |
|---|---|---|---|
| 投資有価証券 | 50,000 | 資 本 金 | 20,000 |
| 土 地 | 80,000 | 資本剰余金 | 10,000 |
| | | 利益剰余金 | 100,000 |
| | | その他有価証券評価差額金 | 3,000 |

＊土地(簿価80,000)の時価は95,000となっている。また,有価証券は時価評価されており,その他有価証券評価差額金が3,000計上されている。

⑧ ×2年3月31日(合併期日前日)の貸借対照表は下記のとおりである。

P社個別貸借対照表

| 諸 資 産 | 160,000 | 負 債 | 100,000 |
|---|---|---|---|
| S 社 株 式 | 112,000 | 資 本 金 | 50,000 |
| | | 資本剰余金 | 30,000 |
| | | 利益剰余金 | 92,000 |

| S社個別貸借対照表 | | | |
|---|---|---|---|
| 諸 資 産 | 85,000 | 負 債 | 74,000 |
| 投資有価証券 | 55,000 | 資 本 金 | 20,000 |
| 土 地 | 80,000 | 資本剰余金 | 10,000 |
| | | 利益剰余金 | 110,000 |
| | | (内, 当期純利益 | 10,000) |
| | | その他有価証券評価差額金 | 6,000 |

＊土地（簿価 80,000）の時価は 100,000 となっている。また，投資有価証券は時価評価されており，その他有価証券評価差額金が 6,000 投資計上されている。

## 【解答・解説】

合併仕訳（P社個別財務諸表上の会計処理）

| | | | |
|---|---|---|---|
| 諸 資 産 | 85,000 | 諸負債 | 74,000 |
| 有価証券 | 55,000 | 資本剰余金 | 54,000＊2 |
| 土 地 | 95,000＊1 | S社株式 | 112,000 |
| の れ ん | 7,560＊5 | その他有価証券評価差額金 | 3,000＊3 |
| 資本剰余金 | 6,600 | 抱合せ株式消滅差益 | 6,160＊4 |

＊1 支配獲得時の土地の時価 95,000（資本連結にあたり子会社の資産及び負債を時価評価している場合には，親会社の個別財務諸表上，時価評価後の金額により受け入れる。）

＊2 @180 × 300 株 = 54,000（非支配株主に交付した親会社株式の時価）

＊3 その他有価証券評価差額金のうち，投資と資本の相殺消去の対象とされていない 3,000（支配獲得後に増減した額）について引き継ぐ。

＊4 親会社持分相当額と親会社が合併直前に保有していた子会社株式の帳簿価額の差額を特別損益に計上する。なお，抱合せ株式消滅差益は P 社の連結財務諸表上は過年度に認識済みの損益であるため，連結財務諸表作成上，利益剰余金と相殺消去される（下記（参考）参照）。

＊5 貸借差額

上記合併仕訳を親会社持分相当額と非支配株主相当額に按分すると下記のとおりとなる。

### 1. 親会社持分相当額（70%）

| 借方 | | 貸方 | |
|---|---:|---|---:|
| 諸 資 産 | 59,500 | 諸 負 債 | 51,800 |
| 有価証券 | 38,500 | S 社株式 | 112,000 |
| 土 地 | 66,500 | その他有価証券評価差額金 | 2,100 |
| の れ ん | 7,560*6 | 抱合せ株式消滅差益 | 6,160*4 |

*6 のれんの未償却残高 7,560 は，親会社持分に相当するものであるため，親会社持分相当額にのみ含める。当該金額は連結財務諸表上の帳簿価額として，親会社の個別財務諸表に引き継がれる。

### 2. 非支配株主持分相当額（30%）

| 借方 | | 貸方 | |
|---|---:|---|---:|
| 諸 資 産 | 25,500 | 諸 負 債 | 22,200 |
| 投資有価証券 | 16,500 | 資本剰余金 | 54,000*2 |
| 土 地 | 28,500 | その他有価証券評価差額金 | 900 |
| 資本剰余金 | 6,600*7 | | |

*7 取得の対価 54,000 と子会社から受け入れる資産及び負債の非支配株主持分相当額との差額を資本剰余金とする。

合併仕訳を受け入れた後のP社の個別貸借対照表は，以下のとおりとなる。

#### P社個別貸借対照表（合併後）（×2年4月1日）

| 資産 | | 負債・純資産 | |
|---|---:|---|---:|
| 諸 資 産 | 245,000 | 諸 負 債 | 174,000 |
| 投資有価証券 | 55,000 | 資 本 | 50,000 |
| 土 地 | 95,000 | 資本剰余金 | 77,400 |
| の れ ん | 7,560 | その他有価証券評価差額金 | 3,000 |
| | | 利益剰余金 | 98,160 |
| | | （期　　首 | 92,000） |
| | | （抱合せ株式消滅差益 | 6,160） |
| 資産合計 | 402,560 | 負債・純資産合計 | 402,560 |

一方,×3年3月期のP社の連結仕訳は以下のとおりとなる。

(1) 開始仕訳

① S社資産負債の時価評価

| 土　　地 | 15,000 | / | 評価差額 | 15,000*8 |
|---|---|---|---|---|

*8 支配獲得日に連結上で子会社の資産負債を時価評価する(第1章Q1参照)。

② 原始取得（×1年3月31日の70%の取得）

| 資　本　金 | 20,000 | / | S社株式 | 112,000 |
|---|---|---|---|---|
| 資本剰余金 | 10,000 | | 非支配株主持分 | 44,400*9 |
| 利益剰余金 | 100,000 | | | |
| その他有価証券評価差額金 | 3,000 | | | |
| 評価差額 | 15,000 | | | |
| の れ ん | 8,400 | | | |

*9 ×1年3月31日時点のS社時価評価後の純資産額148,000(=(20,000+10,000+100,000+3,000+15,000*8))×非支配株主持分30% = 44,400

③ 利益認識,その他有価証券評価差額金の増加分認識,のれん償却

| 利益剰余金 | 3,000*10 | / | 非支配株主持分 | 3,000 |
|---|---|---|---|---|
| その他有価証券評価差額金 | 900*11 | / | 非支配株主持分 | 900 |
| 利益剰余金 | 840*12 | / | の れ ん | 840 |

*10 当期純利益 10,000×30% = 3,000
*11 (6,000−3,000)×30% = 900
*12 のれん取得価額 8,400÷10年 = 840

①〜③をまとめると以下のとおりとなる。

| 資　本　金 | 20,000 | / | S社株式 | 112,000 |
|---|---|---|---|---|
| 資本剰余金 | 10,000 | | 非支配株主持分 | 48,300 |
| 利益剰余金 | 103,840 | | | |
| その他有価証券評価差額金 | 3,900 | | | |
| 土　　地 | 15,000 | | | |
| の れ ん | 7,560 | | | |

以上より,×2年3月31日時点のP社連結貸借対照表は以下のとおりとなる。

|  | P社 | S社 | 単純合算 | 連結仕訳<br>((1)の仕訳) | 連結B/S |
|---|---|---|---|---|---|
| ＜貸借対照表＞ |  |  |  |  |  |
| 諸　資　産 | 160,000 | 85,000 | 245,000 |  | 245,000 |
| 有価証券 |  | 55,000 | 55,000 |  | 55,000 |
| 土　　　地 |  | 80,000 | 80,000 | 15,000 | 95,000 |
| Ｓ社株式 | 112,000 |  | 112,000 | (112,000) | ― |
| の　れ　ん |  |  |  | 7,560 | 7,560 |
| 諸　負　債 | (100,000) | (74,000) | (174,000) |  | (174,000) |
| 資　本　金 | (50,000) | (20,000) | (70,000) | 20,000 | (50,000) |
| 資本剰余金 | (30,000) | (10,000) | (40,000) | 10,000 | (30,000) |
| 非支配株主持分 |  |  |  | (48,300) | (48,300) |
| 利益剰余金 | (92,000) | (110,000) | (202,000) | 103,840 | (98,160) |
| その他有価証券<br>評価差額金 |  | (6,000) | (6,000) | 3,900 | (2,100) |

(2) 合併（×2年4月1日）に伴う連結修正

合併の経済実態を連結の観点から考えると，親会社が非支配株主のS社株式全てを追加取得したと考えられる。すなわち，×2年4月1日に非支配株主より30％のS社株式を追加取得し，対価として株式54,000（＝300株×180）を発行したと考える。その場合の連結仕訳は以下のとおりとなる。

| 非支配株主 | 48,300 | 資本剰余金 | 54,000 |
|---|---|---|---|
| 資本剰余金 | 5,700 |  |  |

上記仕訳が(1)の連結貸借対照表に加わることにより，合併直後のP社連結貸借対照表は以下のとおりとなる。

| P社連結貸借対照表（×2年4月1日） |||||
|---|---:|---|---:|
| 諸　資　産 | 245,000 | 諸　負　債 | 174,000 |
| 投資有価証券 | 55,000 | 資　本 | 50,000 |
| 土　　　地 | 95,000 | 資本剰余金 | 78,300 |
| の　れ　ん | 7,560 | その他有価証券評価差額金 | 2,100 |
|  |  | 利益剰余金 | 98,160 |
| 資産合計 | 402,560 | 負債・純資産合計 | 402,560 |

（参考）

　P社の個別損益計算書上は，上記合併仕訳により抱合せ株式消滅差益6,160が平成×3年3月期の損益計算書に表れることになり，貸借対照表の利益剰余金98,160には，当該抱合せ株式消滅差益6,160が含まれる結果となる。

　当該抱合せ株式は，S社の×2年当期利益10,000のうちのP社持分70％相当額である7,000と×2年ののれん償却額△840の合計であり，それは，P社がS社を取得した後においてS社が獲得した利益（取得後利益剰余金）のP社持分を表している。連結上は，取得後利益剰余金はその獲得した年度毎に連結財務諸表に取り込まれることになるが，個別上はそうした処理は行われないため，合併時に「抱合せ株式消滅差益」として一時に表れていることとなる。

　したがって，当該抱合せ株式消滅差益は，連結財務諸表においては過年度に認識され，既に期首利益剰余金に含まれているものであるので，×3年3月期の連結精算表上においては，以下の連結修正仕訳が必要となる（利益剰余金の期末残高には影響しない）。

| 抱合せ株式消滅差益（P/L） | 6,160 | ／ | 利益剰余金期首残高（S/S） | 6,160 |
|---|---|---|---|---|

## Q6 親会社が関連会社を吸収合併する場合の会計処理

━━━ Question ━━━

◆当社はA社株式の40%を保有し、A社を持分法適用関連会社としていましたが、当期においてA社を吸収合併することとしました。この場合、どのような会計処理を行うか教えて下さい。

《実務上の ポイント 》

▶関連会社合併後の連結財務諸表は、親会社が追加取得により関連会社を100%出資とした場合の連結財務諸表と同等になる。
▶親会社の個別上は通常の合併処理を行う(関連会社特有の処理はない)。

### 1. 関連会社を吸収合併した場合の留意点

親会社が関連会社を吸収合併する場合、連結上の経済実態は関連会社の株式を追加取得し100%出資としたのと同等であるため、連結財務諸表が合併後の親会社財務諸表と同等の結果となるように連結修正仕訳を計上します。

親会社がある会社を連結の範囲に含める際、取得が複数の取引により達成された場合には、連結財務諸表上、支配を獲得するに至った個々の取引すべてにつき企業結合日における時価により再評価し、被取得企業の取得原価を算定します。持分法適用会社の株式を

追加取得して連結の範囲に含める場合には,支配を獲得するに至った個々の取引の原価には持分法による評価額が含まれます。

そして,当該被取得企業の取得原価(企業結合日における時価)と,支配を獲得するに至った個々の取引の原価の合計額との差額は,段階取得に係る損益として処理します(第1章Q4参照)。

## 2. 設　例

【設例2-7】
　×2年4月1日に,P社は持分法適用関連会社であったA社を吸収合併した(吸収合併存続会社P社)。次の前提条件を基に,×2年4月1日の合併仕訳及び×3年3月期の連結修正仕訳を答えなさい。

＜前提条件＞
① ×1年3月31日にP社はA社株式400株(持分割合40％)を総額64,000で購入し,A社を持分法適用関連会社とした。
② P社は×2年4月1日にA社を吸収合併した。なお,A社の発行済株式数は1,000株であり,合併比率は1：1である。
③ P社はA社の株主に新株を600株発行した。
④ P社は新株発行に伴う増加すべき株主資本の全額を資本剰余金とした。
⑤ 合併期日(企業結合日)におけるP社株式の時価は1株当たり180であり,A社株式の時価は1株当たり280である。
⑥ 合併期日(企業結合日)におけるA社の識別可能資産及び負債の時価は,それぞれ210,000及び50,000である。
⑦ P社の連結財務諸表において,A社に対する合併期日(企業結合日)直前の持分法による評価額は67,400である。
⑧ のれんは発生年度の翌年より10年間で均等償却を行う。
⑨ 税効果会計は考慮しないものとする。

⑩ P社には連結子会社があり，連結財務諸表を作成している。
⑪ ×1年3月31日のA社の貸借対照表は下記のとおりである。

| 諸 資 産 | 170,000 | 諸 負 債 | 40,000 |
|---|---|---|---|
| （内，土地 80,000） | | 資 本 金 | 20,000 |
| | | 資本剰余金 | 10,000 |
| | | 利益剰余金 | 100,000 |

＊土地（簿価 80,000）の時価は 95,000 となっている。

⑫ ×2年3月31日（合併期日前日）の貸借対照表は下記のとおりである。

P社個別貸借対照表

| 諸 資 産 | 206,000 | 諸 負 債 | 100,000 |
|---|---|---|---|
| A 社 株 式 | 64,000 | 資 本 金 | 50,000 |
| | | 資本剰余金 | 30,000 |
| | | 利益剰余金 | 90,000 |

A社個別貸借対照表

| 諸 資 産 | 190,000 | 諸 負 債 | 50,000 |
|---|---|---|---|
| （内，土地 80,000） | | 資 本 金 | 20,000 |
| | | 資本剰余金 | 10,000 |
| | | 利益剰余金 | 110,000 |
| | | （内，当期純利益 10,000） | |

＊土地（簿価 80,000）の時価は 100,000 となっている。

## 【解答・解説】

1. 合併仕訳（P社個別財務諸表上の会計処理）

| 諸 資 産 | 210,000＊1 | 諸 負 債 | 50,000＊1 |
|---|---|---|---|
| の れ ん | 12,000＊5 | 資本剰余金 | 108,000＊2 |
| | | A 社 株 式 | 64,000＊3 |

＊1 識別可能資産及び負債の時価
＊2 @180 × 600 株 = 108,000（A社株主に交付したP社株式の時価）
＊3 企業結合日直前にP社が保有していたA社株式の帳簿価額
＊4 取得原価（108,000＊2 + 64,000）− 識別可能純資産の時価（210,000 − 50,000）= 12,000

## 2. 連結修正仕訳（利益項目は全て利益剰余金で示している）。

### (1) ×1年3月31日　40％の原始取得時

| 仕訳なし | | | |
|---|---|---|---|

持分法での仕訳は仕訳なしとなるが，×1年3月末のA社修正後純資産は145,000（＝資本金20,000＋資本剰余金10,000＋利益剰余金100,000＋評価差額15,000*5）であり，この40％相当額58,000を64,000で取得しているので，のれん相当額が6,000（＝64,000－58,000）発生している。

*5 ×1年3月31日時点の土地の時価95,000－土地の簿価80,000

### (2) 持分法による投資利益の計上

| A社株式 | 4,000*6 ／ 利益剰余金 | 4,000 |
|---|---|---|

*6 A社当期純利益10,000 × A社持分比率40％＝4,000

### (3) のれん相当額の償却

| 利益剰余金 | 600*7 ／ A社株式 | 600 |
|---|---|---|

*7 のれん相当額の発生6,000（(1)参照）÷10年＝600

### (4) ×2年4月1日　追加取得
#### ① 支配獲得に伴う投資額の時価評価

| A社株式 | 44,600*8 ／ 利益剰余金 | 44,600 |
|---|---|---|

追加取得に伴いP社のA社に対する持分比率が100％となり支配権を取得する。これに伴い，P社のA社に対する投資額を支配獲得時の時価で再評価し，段階取得による損益（利益剰余金）を認識する（第1章Q4参照）。

*8 400株×280－（64,000＋4,000*6－600*7）＝44,600

#### ② A社資産負債の時価評価

| 諸　資　産 | 20,000 ／ 評価差額金 | 20,000 |
|---|---|---|

支配獲得日に連結上で子会社の資産負債を時価評価する（第1章Q1参照）。

③ ×2年4月1日　合併時の連結仕訳

合併により60％の株式を企業グループ外部の株主から取得し，対価として新株600株を発行した（＜前提条件＞③）と考える。

| 資　本　金 | 20,000*9 | A 社株式 | 112,000*13 |
| 資本剰余金 | 10,000*10 | 資本剰余金 | 108,000*14 |
| 利益剰余金 | 158,000*11 | | |
| 評価差額金 | 20,000*12 | | |
| の　れ　ん | 12,000*15 | | |

*9　合併前 A 社資本金残高
*10　合併前 A 社資本剰余金残高
*11　合併前 A 社利益剰余金残高 110,000 + 4000*6 − 600*7 + 44,600*8
*12　支配権取得時の土地の時価評価に伴う評価差額 20,000 (＝(100,000 − 80,000) × 100％)
*13　合併直前における A 社株式の簿価 112,000 (＝64,000 + 4,000*6 − 600*7 + 44,600*8)
*14　合併に伴う新株発行により増加する株主資本 108,000 (＝600株×180)
*15　貸借差額

（考察）

A 社を合併した後の P 社の貸借対照表は，以下のとおりとなる。

| P 社個別貸借対照表（合併後）（×2年4月1日） ||||
|---|---|---|---|
| 諸　資　産 | 416,000*16 | 諸　負　債 | 150,000*17 |
| の　れ　ん | 12,000*21 | 資本 | 50,000*18 |
| | | 資本剰余金 | 138,000*19 |
| | | 利益剰余金 | 90,000*20 |
| 資産合計 | 440,000 | 負債・純資産合計 | 440,000 |

*16　合併前 P 社 206,000 + 合併受入 210,000 = 416,000
*17　合併前 P 社 100,000 + 合併受入 50,000 = 150,000
*18　合併前 P 社 50,000
*19　合併前 P 社 30,000 + 合併受入 108,000 = 138,000
*20　合併前 P 社 90,000
*21　合併受入 12,000

一方，合併直後の連結精算表は以下のとおりとなる。

|  | P社 | A社 | 単純合算 | 連結仕訳 | 連結B/S |
|---|---|---|---|---|---|
| 諸 資 産 | 206,000 | 190,000 | 396,000 | (4)② 20,000 | 416,000 |
| A 社 株 式 | 64,000 | — | 64,000 | (2) 4,000<br>(3) (600)<br>(4)① 44,600<br>(4)③ (112,000) | 0 |
| の れ ん | — | — | — | (4)③ 12,000 | 12,000 |
| 諸 負 債 | (100,000) | (50,000) | (150,000) | — | (150,000) |
| 資 本 金 | (50,000) | (20,000) | (70,000) | (4)③ 20,000 | (50,000) |
| 資本剰余金 | (30,000) | (10,000) | (40,000) | (4)③ 10,000<br>(4)③ (108,000) | (138,000) |
| 利益剰余金 | (90,000) | (110,000) | (200,000) | (2) (4,000)<br>(3) 600<br>(4)① (44,600)<br>(4)③ 158,000 | (90,000) |
| 評価差額金 | — | — | — | (4)② (20,000)<br>(4)③ 20,000 | 0 |

親会社が関連会社を合併する場合，連結上の経済実態は関連会社の株式を追加取得し100％出資としたのと同等である。したがって，合併直前の連結貸借対照表と合併後のP社貸借対照表は同じ結果となっている。

##  子会社同士の合併の会計処理（合併対価が現金等の財産のみである場合）

◆当社はA社株式の80％及びB社株式の70％を保有し，A社及びB社を連結子会社としています。当期において

A社はB社を吸収合併（合併対価：現金）することとしました。この場合，どのような会計処理を行うか教えて下さい。

《実務上の ポイント 》
▶ 親会社が受け取った現金等の財産は，移転前に付された適正な帳簿価額により計上し，吸収合併消滅子会社の株式の適正な帳簿価額との差額は，親会社の個別財務諸表上，原則として交換損益として認識する。
▶ 親会社の個別財務諸表上認識された交換損益は，親会社の連結財務諸表上，未実現損益の消去に準じて処理する。

## 1. 子会社同士の合併の留意点
### （合併の対価が現金等の財産のみである場合）

子会社同士が合併する際に，取得企業となる子会社（以下「存続子会社」とする）は被取得企業となる子会社（以下「消滅子会社」とする）の株主に対して対価を支払うこととなります。すなわち，合併当事会社の親会社は存続子会社から対価を受け取り，消滅子会社の株式と引き換えられることとなります。この際，親会社が受け入れる現金等の財産の価額は，存続子会社において付されていた適正な帳簿価額により計上されるため，これと引き換えられた吸収合併消滅子会社の適正な帳簿価額との間に差額が生じるケースが想定されます。

当該差額は，親会社の個別財務諸表上は，原則として交換損益として認識されます（ただし，親会社が受け取る財産が当該親会社の株式（すなわち自己株式）である場合には，当該受入自己株式の価

額は引き換えられた吸収合併消滅子会社の適正な帳簿価額により算定するとされているため、この場合には交換損益は発生しません）。

しかし、この取引を連結の観点から見ると、消滅子会社の株式が親会社から存続子会社に移転しただけであり、親会社の個別上で計上した交換損益は連結グループ間の取引で発生した損益でしかないことから、連結上未実現損益の消去に準じてすることとなります。

参考：企業結合時の各社の会計処理
(1) 吸収合併存続会社の会計処理

吸収合併存続会社である子会社が吸収合併消滅会社である子会社から受け入れる資産及び負債は、合併期日の前日に付された適正な帳簿価額により計上し、吸収合併消滅会社の株主資本の額と取得の対価として支払った現金等の財産の適正な帳簿価額との差額を、のれん（又は負ののれん）として計上します。なお、合併対価が現金等の財産のみである場合、株式を交付していないため、株主資本の額は増加しませんが、吸収合併消滅会社の評価・換算差額等は、引き継ぐことになります（企業結合に関する会計基準 第41項、企業結合会計基準及び事業分離等会計基準に関する適用指針 第242項、243項）。

(2) 親会社（結合当事企業の株主）の会計処理

吸収合併消滅会社の株主（親会社）が受け取った現金等の財産は、移転前に付された適正な帳簿価額により計上します。この結果、当該価額と引き換えられた吸収合併消滅会社の株式の適正な帳簿価額との差額は、原則として、交換損益として認識します（事業分離等に関する会計基準 第14項、35項、企業結合会計基準及び事業分離等会計基準に関する適用指針 第244項）。

## 2. 設　例

**【設例 2-8】**

×2年4月1日に，A社はB社を吸収合併した（吸収合併存続会社A社）。次の前提条件を基に，×2年4月1日の合併仕訳及びP社における×3年3月期の連結修正仕訳を答えなさい。

＜前提条件＞

① P社はA社株式800株（持分割合80％）及びB社株式1,400株（持分割合70％）を保有し，A社及びB社を連結子会社としている。
② P社はA社株式及びB社株式を，A社及びB社の設立時より保有しており，現在までその持分に変動は生じていない。
③ P社の保有するA社株式の帳簿価額は48,000であり，B社株式の帳簿価額は7,000である。
④ A社は×2年4月1日にB社を吸収合併した。
⑤ 合併に際して，A社はB社の株主に現金30,000を支払う。
⑥ 合併期日の前日におけるA社の株主資本は120,000であり，企業の時価は180,000である。
⑦ 合併期日の前日におけるB社の株主資本は22,000であり，企業の時価は30,000である。
⑧ のれんは10年間で均等償却を行う。
⑨ 税効果会計は考慮しないものとする。
⑩ ×2年3月31日（合併期日前日）の貸借対照表は下記のとおり。

| A社個別貸借対照表（合併前） | | | |
|---|---|---|---|
| 諸　資　産 | 170,000 | 諸　負　債 | 50,000 |
| | | 資　本　金 | 35,000 |
| | | 資本剰余金 | 25,000 |
| | | 利益剰余金 | 60,000 |

| B社個別貸借対照表(合併前) | | | |
|---|---:|---|---:|
| 諸 資 産 | 40,000 | 諸 負 債 | 18,000 |
| | | 資 本 金 | 5,000 |
| | | 資本剰余金 | 5,000 |
| | | 利益剰余金 | 12,000 |

⑪ ×3年3月31日の貸借対照表は下記のとおりである。

| P社個別貸借対照表 | | | |
|---|---:|---|---:|
| 諸 資 産 | 300,000 | 諸 負 債 | 148,000 |
| A 社 株 式 | 48,000 | 資 本 金 | 40,000 |
| | | 資本剰余金 | 40,000 |
| | | 利益剰余金 | 120,000 |

| A社個別貸借対照表(合併後) | | | |
|---|---:|---|---:|
| 諸 資 産 | 200,800 | 諸 負 債 | 68,000 |
| の れ ん | 7,200 | 資 本 金 | 35,000 |
| | | 資本剰余金 | 25,000 |
| | | 利益剰余金 | 80,000 |
| | | (内,当期純利益 | 20,000) |

## 【解答・解説】

### 1. 親会社の会計処理(P社個別財務諸表上の会計処理)

| 諸資産(現金) | 21,000*1 | B 社 株 式 | 7,000 |
|---|---:|---|---:|
| | | 交 換 損 益 | 14,000*2 |

*1 30,000 × P社のB社持分70% = 21,000
*2 取得した現金等の財産とB社株式の適正な帳簿価額との差額は,原則として交換損益として認識する。

### 2. 吸収合併存続会社の会計処理(A社個別財務諸表上の会計処理)

| 諸 資 産 | 40,000*3 | 諸 負 債 | 18,000*3 |
|---|---:|---|---:|
| の れ ん | 8,000*4 | 諸資産(現金) | 30,000 |

*3 A社がB社から受け入れる資産及び負債は,合併期日の前日に付された適正な帳簿価額により計上する。
*4 B社の株主資本と取得の対価として支払った現金等の財産の適正な帳簿価額との差額をのれん(又は負ののれん)として計上する。

## 3. 吸収合併消滅会社の会計処理（B社個別財務諸表上の会計処理）

| 諸　負　債 | 18,000 | 諸　資　産 | 40,000 |
|---|---|---|---|
| 資　本　金 | 5,000 | | |
| 資本剰余金 | 5,000 | | |
| 利益剰余金 | 12,000 | | |

＊　B社はA社との合併により消滅する。

## 4. 連結修正仕訳（連結財務諸表上の会計処理）

### (1) A社株式に関する開始仕訳

| 資　本　金 | 35,000 | A社株式 | 48,000 |
|---|---|---|---|
| 資本剰余金 | 25,000 | 非支配株主持分 | 24,000＊6 |
| 利益剰余金 | 12,000＊5 | | |

＊5　60,000 × A社の非支配株主持分20% = 12,000
＊6　(35,000 + 25,000 + 60,000) × A社の非支配株主持分20% = 24,000

### (2) B社株式に関する開始仕訳

| 資　本　金 | 5,000 | B社株式 | 7,000 |
|---|---|---|---|
| 資本剰余金 | 5,000 | 非支配株主持分 | 6,600＊8 |
| 利益剰余金 | 3,600＊7 | | |

＊7　12,000 × 30% = 3,600
＊8　(5,000 + 5,000 + 12,000) × B社の非支配株主持分30% = 6,600

### (3) B社株式に関する開始仕訳の振戻し

B社はA社に吸収合併されているため，開始仕訳を振戻す。

| B社株式 | 7,000 | 資　本　金 | 5,000 |
|---|---|---|---|
| 非支配株主持分 | 6,600 | 資本剰余金 | 5,000 |
| | | 利益剰余金 | 3,600 |

### (4) B社株式に係る交換損益の修正

| 交換損益＊9 | 14,000＊2 | 利益剰余金＊10 | 8,400＊11 |
|---|---|---|---|
| 資本剰余金 | 2,400＊12 | の　れ　ん | 8,000 |

＊9　親会社の個別財務諸表上，認識された交換損益は，連結財務諸表上，連結会計基準における未実現損益の消去に準じて処理する。
＊10　B社を連結していたことにより生じていた親会社P社に係る取得後利益剰余金を認識する。当該部分は過年度で既に連結損益計算書に取り込まれている部分であるため，交換損益を取り消すと同時に利益剰余金に計上する。

*11 B社利益剰余金 12,000 × 70% = 8,400
*12 支配関係が継続する場合の非支配株主との取引は資本取引として扱うこととなるため、個別上計上したのれん 8,000 を消去し、持分変動差額（のれんのうち 30%分の 2,400）を資本剰余金とする。

(5) 当期純利益の非支配株主への按分

| 非支配株主に帰属する当期純利益 | 4,000*13 | 非支配株主持分 | 4,000 |
|---|---|---|---|

*13 当期純利益 20,000 × 20% = 4,000

(6) A社個別財務諸表上ののれん償却額の修正

| のれん | 800 | のれん償却額 | 800*14 |
|---|---|---|---|
| 非支配株主に帰属する当期純利益 | 160*15 | 非支配株主持分 | 160 |

*14 8,000*4 ÷ 10年 = 800（A社の個別財務諸表上、認識されたのれんは連結上消去されるため、A社の個別財務諸表上計上されているのれん償却額も消去する。）
*15 のれん償却額 800 × A社の非支配株主持分 20% = 160


(参考) ×3年3月期P社連結財務諸表

| P社連結貸借対照表 |||
|---|---|---|
| 諸 資 産 | 500,800*16 | 諸 負 債 216,000*18 |
| の れ ん | 0*17 | 資 本 金 40,000 |
| | | 資本剰余金 37,600*19 |
| | | 利益剰余金 179,040 |
| | | 非支配株主持分 28,160*20 |

*16 300,000 + 200,800 = 500,800
*17 合併の前後においてB社に対する支配関係は継続しているので、B社の非支配株主との取引においてのれんは発生しない。
*18 148,000 + 68,000 = 216,000
*19 非支配株主との取引において生じた持分変動差額を資本剰余金として処理した結果、A社の個別財務諸表上の資本剰余金と差が生じる。
*20 連結グループとしての経済実態は、非支配株主からの持分の取得（資本取引）であるため、A社・B社合併前に認識していたA社の非支配株主持分に、当期利益の持分相当額を加えた金額となる。
A社非支配株主持分 24,000（= A社合併前純資産 120,000 × A社の非支配株主持分 20%）+ P社持分当期利益 4,160*21 = 28,160
*21 合併後A社の修正後当期純利益のうち、A社の非支配株主への按分額
(20,000 + 800) × 20% = 4,160

## Q8 子会社同士の合併の会計処理（合併対価が吸収合併存続会社の株式のみである場合）

===== Question =====

◆当社はA社株式の80%及びB社株式の70%を保有し，A社及びB社を連結子会社としています。当期においてA社はB社を吸収合併（合併対価：A社株式）することとしました。この場合，どのような会計処理を行うか教えて下さい。

《実務上の ポイント》

▶子会社同士の合併は親会社の吸収合併消滅会社及び吸収合併存続会社それぞれに対する持分比率変動を伴い，これは吸収合併消滅会社及び吸収合併存続会社それぞれの非支配株主との取引と同等の経済実態を有する。

▶子会社に対する支配が継続する場合，非支配株主との取引は資本取引として取り扱うことから持分変動額は資本剰余金として取り扱う。

### 1．子会社同士が合併した場合の留意点
   （合併の対価が吸収合併存続会社の株式のみである場合）

　子会社同士が合併し，合併対価が吸収合併存続会社の株式のみである場合，親会社は吸収合併消滅会社への出資持分に応じて存続会社の株式を取得することになります。合併により吸収合併消滅会社の財務諸表は吸収合併存続会社の財務諸表に含まれ，親会社の吸収

合併存続会社への出資持分は，合併対価として取得する株式を含めて算定されます。

この取引を連結の観点から考えると，一連の取引により吸収合併存続会社への出資持分と吸収合併消滅会社への出資持分の合計が，合併後の吸収合併存続会社への出資持分に等しくなったと考えられます。

このため，連結上は①親会社が保有する合併前の吸収合併存続会社への出資持分の変動と，②親会社が保有する合併前の吸収合併消滅会社への出資持分の変動という2つの持分変動が生じることとなります。

また，合併後も支配が継続する場合の非支配株主との取引は資本取引として扱うこととなるため，上記2つの持分変動額は資本剰余金として処理することとなります。


参考：企業結合時の各社の会計処理
(1) 吸収合併存続会社の会計処理

吸収合併存続会社である子会社が吸収合併消滅会社である子会社から受け入れる資産及び負債は，合併期日の前日に付された適正な帳簿価額により計上します。

また，吸収合併存続会社である子会社の増加すべき払込資本は，合併が共同支配企業の形成と判定された場合の吸収合併存続会社の会計処理に準じて処理します。すなわち，吸収合併存続会社は，原則として，吸収合併消滅会社の合併期日の前日の適正な帳簿価額による株主資本の額を払込資本（資本金又は資本剰余金）として処理します。増加すべき払込資本の内訳項目（資本金，資本準備金又はその他資本剰余金）は，会社法の規定に基づき決定します。

ただし，本設例のように吸収合併の対価が吸収合併存続会社の株式のみである場合には，吸収合併消滅会社の株主資本の各項目をそのまま引き継ぐことが認められています。

なお，吸収合併消滅会社の合併期日の前日の適正な帳簿価額による株主資本の額がマイナスとなる場合には，払込資本をゼロとし，その他利益剰余金のマイナスとして処理します。

次に，株主資本以外の項目については，吸収合併存続会社は，吸収合併消滅会社の合併期日の前日の評価・換算差額等及び新株予約権の適正な帳簿価額を引き継ぎます（企業結合会計基準及び事業分離等会計基準に関する適用指針 第185項，247項，408項）。

(2) 親会社（結合当事企業の株主）の会計処理

吸収合併消滅会社の株主（親会社）が受け取った吸収合併存続会社の株式（子会社株式）の取得原価は，引き換えられた吸収合併消滅会社の株式（子会社株式）に係る企業結合直前の適正な帳簿価額に基づいて計上します（事業分離等に関する会計基準 第19項，38項，39項，企業結合会計基準及び事業分離等会計基準に関する適用指針 第248項）。

(3) 連結財務諸表上の会計処理

親会社は，連結財務諸表上，吸収合併存続会社に係る親会社持分の増加額（吸収合併消滅会社に対する持分比率が増加する場合には，吸収合併消滅会社に係る親会社持分の増加額）と吸収合併消滅会社に係る親会社持分の減少額（吸収合併存続会社に対する持分比率が減少する場合には，吸収合併存続会社に係る親会社持分の減少額）との間に生じる差額を，資本剰余金として取り扱います（事業分離

## 2. 設　例

【設例2-9】
　×2年4月1日に，A社はB社を吸収合併した（吸収合併存続会社A社）。次の前提条件を基に，×2年4月1日の合併仕訳及び×3年3月期の連結修正仕訳を答えなさい。

＜前提条件＞
① P社はA社株式5,600株（持分割合80%）及びB社株式1,400株（持分割合70%）を保有し，A社及びB社を連結子会社としている。
② P社はA社株式及びB社株式を，A社及びB社の設立時より保有しており，現在までその持分に変動は生じていない。
③ P社の保有するA社株式の帳簿価額は48,000であり，B社株式の帳簿価額は7,000である。
④ A社は×2年4月1日にB社を吸収合併した。
⑤ 合併に際して，A社はB社の株主にA社株式を3,000株（全て新株を発行）交付する。なお，新株発行により増加する払込資本は，すべて資本剰余金とする。
⑥ 合併後のA社に対する持分比率は，P社が77%（株式数7,700株），P社以外の旧A社株主が14%（株式数1,400株）及びP社以外の旧B社株主が9%（株式数900株）である。
⑦ 合併期日の前日におけるA社の株主資本は120,000であり，企業の時価は140,000である。
⑧ 合併期日の前日におけるB社の株主資本は44,000であり，企業の時価は60,000である。
⑨ のれんは発生年度の翌年より10年間で均等償却を行う。

⑩ 税効果会計は考慮しないものとする。
⑪ ×2年3月31日（合併期日前日）の貸借対照表は，下記のとおりである。

| A社個別貸借対照表（合併前） | | | |
|---|---|---|---|
| 諸 資 産 | 170,000 | 諸 負 債 | 50,000 |
| | | 資 本 金 | 35,000 |
| | | 資本剰余金 | 25,000 |
| | | 利益剰余金 | 60,000 |

| B社個別貸借対照表（合併前） | | | |
|---|---|---|---|
| 諸 資 産 | 80,000 | 諸 負 債 | 36,000 |
| | | 資 本 金 | 5,000 |
| | | 資本剰余金 | 5,000 |
| | | 利益剰余金 | 34,000 |

⑫ ×3年3月31日の貸借対照表は，下記のとおりである。

| P社個別貸借対照表 | | | |
|---|---|---|---|
| 諸 資 産 | 300,000 | 諸 負 債 | 155,000 |
| A社株式 | 55,000 | 資 本 金 | 40,000 |
| | | 資本剰余金 | 40,000 |
| | | 利益剰余金 | 120,000 |

| A社個別貸借対照表（合併後） | | | |
|---|---|---|---|
| 諸 資 産 | 260,000 | 諸 負 債 | 76,000 |
| | | 資 本 金 | 35,000 |
| | | 資本剰余金 | 69,000 |
| | | 利益剰余金 | 80,000 |
| | | （内，当期純利益 20,000） | |

### 【解答・解説】

1. 親会社の会計処理（P社個別財務諸表上の会計処理）

| A社株式 | 7,000*1 | ／ | B社株式 | 7,000 |
|---|---|---|---|---|

*1 P社が受け取ったA社株式の取得原価は，引き換えられたB社株式の企業結合直前の適正な帳簿価額に基づいて計上する。

## 2. 吸収合併存続会社の会計処理（A社個別財務諸表上の会計処理）

| 諸　資　産 | 80,000*2 | 諸　負　債 | 36,000*2 |
|---|---|---|---|
| | | 資本剰余金 | 44,000*3 |

*2　A社がB社から受け入れる資産及び負債は、合併期日の前日に付された適正な帳簿価額により計上する。

*3　株主資本項目については、A社は、B社の合併期日前日に付された適正な帳簿価額による株主資本を払込資本として計上する。なお、本設例では増加する払込資本をすべて資本剰余金で処理しているが、対価が株式のみの場合、B社の資本金、資本準備金、その他資本剰余金、利益準備金及びその他利益剰余金の内訳科目を、抱き合せ株式等の処理を除き、そのまま引き継ぐこともできる。また、株主資本以外の項目については、B社の評価・換算差額等の適正な帳簿価額を引き継ぐ。

## 3. 吸収合併消滅会社の会計処理（B社個別財務諸表上の会計処理）

| 諸　負　債 | 36,000 | 諸　資　産 | 80,000 |
|---|---|---|---|
| 資　本　金 | 5,000 | | |
| 資本剰余金 | 5,000 | | |
| 利益剰余金 | 34,000 | | |

\*　B社はA社との合併により消滅する。

## 4. 連結修正仕訳（連結財務諸表上の会計処理）

### (1) A社株式に関する開始仕訳

| 資　本　金 | 35,000 | A社株式 | 48,000 |
|---|---|---|---|
| 資本剰余金 | 25,000 | 非支配株主持分 | 24,000*5 |
| 利益剰余金 | 12,000*4 | | |

*4　60,000 × A社の非支配株主持分 20% = 12,000

*5　(35,000 + 25,000 + 60,000) × A社の非支配株主持分 20% = 24,000

### (2) B社株式に関する開始仕訳

| 資　本　金 | 5,000 | B社株式 | 7,000 |
|---|---|---|---|
| 資本剰余金 | 5,000 | 非支配株主持分 | 13,200*7 |
| 利益剰余金 | 10,200*6 | | |

*6　34,000 × B社の非支配株主持分 30% = 10,200

*7　(5,000 + 5,000 + 34,000) × B社の非支配株主持分 30% = 13,200

### (3) B社株式に関する開始仕訳の振戻し

B社はA社に吸収合併されているため、開始仕訳を振戻す。

| | | | |
|---|---|---|---|
| B社株式 | 7,000 | 資 本 金 | 5,000 |
| 非支配株主持分 | 13,200*7 | 資本剰余金 | 5,000 |
| | | 利益剰余金 | 10,200*6 |

### (4) 親会社の持分変動（[補足] 参照）

| | | | |
|---|---|---|---|
| 資本剰余金 | 44,000*3 | A社株式 | 7,000 |
| 資本剰余金 | 520*8 | 非支配株主持分 | 13,720*9 |
| | | 利益剰余金*10 | 23,800*11 |

*8 P社の旧A社への持分が3,600（旧A社の純資産の適正な帳簿価額120,000 × 3％）減少し、旧B社への持分が3,080（旧B社の純資産の適正な帳簿価額44,000 × 7％）増加するため、これらの持分変動額を資本剰余金として処理する。

*9 旧B社にかかる非支配株主持分額10,120（旧B社の純資産の適正な帳簿価額44,000 × 23％）＋旧A社にかかるP社持分の減少額3,600（旧A社の純資産の適正な帳簿価額120,000 × 3％）＝ 13,720

*10 B社を連結していたことにより生じていた親会社P社に係る取得後利益剰余金を認識する。

*11 B社利益剰余金34,000 × 70％ ＝ 23,800

### (5) 当期純利益の非支配株主への按分

| | | | |
|---|---|---|---|
| 非支配株主に帰属する<br>当期純利益 | 4,600*12 | 非支配株主持分 | 4,600 |

*12 当期純利益20,000 × 23％ ＝ 4,600

（参考）×3年3月期P社連結財務諸表

| P社連結貸借対照表 | | | |
|---|---|---|---|
| 諸 資 産 | 560,000*13 | 諸 負 債 | 231,000*14 |
| | | 資 本 金 | 40,000 |
| | | 資本剰余金 | 39,480 |
| | | 利益剰余金 | 207,200 |
| | | 非支配株主持分 | 42,320*15 |

*13 300,000 ＋ 260,000 ＝ 560,000
*14 155,000 ＋ 76,000 ＝ 231,000
*15 （35,000 ＋ 69,000 ＋ 80,000）× 23％ ＝ 42,320

【補足】

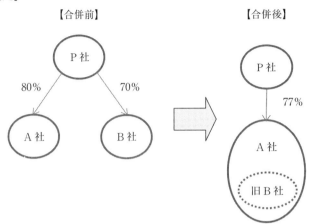

本設例においては、吸収合併の対価が吸収合併存続会社（A社）の株式であるため、合併の前後において、親会社P社の子会社各社に対する持分比率に変動が生じている。

すなわちP社の持分は、

（ア） A社との関係においては、合併前は80％の持分が合併後には77％に減少している。

（イ） B社との関係においては、合併前は70％の持分が合併後には（A社に抱合される形で）77％に増加している。

上記の親会社の持分変動の仕訳を連結上認識しているのが解答に示した(4)の仕訳であるが、この仕訳は、以下のように分解して考えることが出来る。

（ア）に関する仕訳

A社との関係においては、持分が80％から77％に減少しているので、この3％の持分減少を一部売却に準じて処理する。

| A社株式 | 4,200 *16 | 非支配株主持分 | 3,600 *17 |
|---|---|---|---|
| | | 資本剰余金 | 600 *18 |

＊16　移転した価値4,200＝合併時のA社の時価140,000×3％（これはB社側から

みれば，合併時のB社の時価60,000×対B社に対する持分増加分7%として捉えられる。すなわち，非支配株主との間で時価4,200での等価交換が行われたと考えている。）
*17 移転した持分3,600 = 合併時のA社純資産120,000（= 35,000 + 25,000 + 60,000）× 3%
*18 移転した価値と移転した持分との差額として認識された額（移転差額）。合併前後においてA社との支配関係が継続しているので，移転差額は損益ではなく資本剰余金として処理される。

(イ)に関する仕訳

① B社合併に伴う投資と資本の相殺消去

まずA社は，A社株式を対価に旧B社を合併し，純資産44,000を取得している。これをP社の連結上の観点から捉え，投資と資本の相殺消去を行う。

| 資本剰余金 | 44,000 | A社株式 | 7,000*19 |
|---|---|---|---|
|  |  | 非支配株主持分 | 13,200*20 |
|  |  | 利益準備金 | 23,800*21 |

*19 合併によるA社株式取得価額（=P社がB社株式と引き換えに取得したA社株式）
*20 合併前の非支配株主持分比率30%でいったん取得されたと考える。
*21 P社のB社取得後利益準備金増加額 23,800 = 34,000 × 70%

② B社に係る持分変動の認識

次に，合併の結果，B社に対する持分が70%から77%に増加しているので，当該持分の変動を追加取得の処理に準じて認識する。

| 非支配株主持分 | 3,080*22 | A社株式 | 4,200*16 |
|---|---|---|---|
| 資本剰余金 | 1,120*23 |  |  |

*22 移転した持分3,080 = 合併時B社純資産額44,000（= 5,000 + 5,000 + 34,000）× 7%
*23 移転した価値と移転した持分との差額として認識された額（移転差額）。合併前後においてB社との支配関係が継続しているので，移転差額は損益ではなく資本剰余金として処理される。

(ア)(イ)の仕訳を集約すると，解答(4)に示す仕訳となる。

## Q9 連結子会社が連結外部の企業を吸収合併する場合の会計処理

――― Question ―――

◆当社はS社株式の80%を保有し,S社を連結子会社としています。当期においてS社は当社連結グループと資本関係を有しないA社を吸収合併することとしました。この場合,どのような会計処理を行うか教えて下さい。

《実務上の ポイント 》

▶連結子会社が連結グループ外の企業を吸収合併し,その対価として株式を交付した場合には,連結財務諸表上,子会社の時価発行増資に伴う親会社持分比率の減少として処理する。

### 1. 連結子会社による連結グループ外の企業の吸収合併の留意点

連結子会社が株式発行により連結グループ外の企業を吸収合併する取引は,連結の観点からは次の2つの取引に分解することができます。

1つ目は,子会社による連結グループ外の企業の取得であり,この会計処理は新規に子会社を取得する場合の会計処理を適用すればよく,一般的な会計処理となります。

2つ目は,子会社の増資の取引です。親会社から見ると,一連の取引で子会社は増資をしてその対価として連結グループ外の企業を

取得していると考えることができるため，この部分については連結上，子会社が時価発行増資を行った場合の会計処理と同様の会計処理（第1章Q8参照）を行うこととなります。

## 2. 設　例

【設例2-10】
　×2年3月31日に，S社はA社を吸収合併した（吸収合併存続会社S社）。次の前提条件を基に，×2年3月31日の合併仕訳及び×2年3月期の連結修正仕訳を答えなさい。

＜前提条件＞
① ×1年3月31日にP社はS社株式600株（持分割合80％）を総額80,000で購入し，S社を連結子会社とした。
② S社は×2年3月31日にA社を吸収合併した。なお，S社の発行済株式数は750株であり，合併比率は1：1である。
③ S社はA社の株主に新株を250株発行した。
④ S社は新株発行に伴う増加すべき株主資本の全額を資本剰余金とした。
⑤ 合併期日（企業結合日）におけるS社株式の時価は1株当たり120である。
⑥ 合併期日（企業結合日）におけるA社の識別可能資産及び負債の時価は，それぞれ45,000及び20,000である。
⑦ のれんは発生年度の翌年より10年間で均等償却を行う。
⑧ 税効果会計は考慮しないものとする。

⑨ ×1年3月31日のS社の貸借対照表は下記のとおりである。

| 諸 資 産 | 120,000 | 諸 負 債 | 40,000 |
|---|---|---|---|
| （内，土地 9,000） | | 資 本 金 | 35,000 |
| | | 資本剰余金 | 25,000 |
| | | 利益剰余金 | 20,000 |

＊資産のうち，土地（簿価9,000）の時価は12,000となっている。

⑩ ×2年3月31日（合併期日）の貸借対照表は下記のとおりである。

| P社個別貸借対照表（合併前） | | | |
|---|---|---|---|
| 諸 資 産 | 200,000 | 諸 負 債 | 100,000 |
| S 社 株 式 | 80,000 | 資 本 金 | 50,000 |
| | | 資本剰余金 | 10,000 |
| | | 利益剰余金 | 120,000 |

| S社個別貸借対照表（合併前） | | | |
|---|---|---|---|
| 諸 資 産 | 170,000 | 諸 負 債 | 50,000 |
| | | 資 本 金 | 35,000 |
| | | 資本剰余金 | 25,000 |
| | | 利益剰余金 | 60,000 |
| | | （内，当期純利益 40,000） | |

| A社個別貸借対照表（合併前） | | | |
|---|---|---|---|
| 諸 資 産 | 40,000 | 諸 負 債 | 20,000 |
| | | 資 本 金 | 5,000 |
| | | 資本剰余金 | 5,000 |
| | | 利益剰余金 | 10,000 |

## 【解答・解説】

1. 合併仕訳（S社個別財務諸表上の会計処理）

| 諸 資 産 | 45,000*1 | 諸 負 債 | 20,000*1 |
|---|---|---|---|
| の れ ん | 5,000*3 | 資本剰余金 | 30,000*2 |

＊1　識別可能資産及び負債の時価
　　合併時には被取得企業の資産及び負債を時価評価して取り込む。
＊2　@120 × 250株＝30,000（A社株主に交付したS社株式の時価）
＊3　取得原価 30,000*2 － 取得原価の配分額（45,000 － 20,000）＝ 5,000

2. 連結修正仕訳
(1) S社の資産負債の時価評価

| 土　　　地 | 3,000 | / | 評価差額金 | 3,000*4 |

*4　12,000（支配獲得日の時価）－ 9,000（簿価）＝ 3,000

(2) 開始仕訳（投資と資本の相殺消去）

| 資　本　金 | 35,000 | S社株式 | 80,000 |
| 資本剰余金 | 25,000 | 非支配株主持分 | 16,600*5 |
| 利益剰余金 | 20,000 | | |
| 評価差額金 | 3,000*4 | | |
| の　れ　ん | 13,600*6 | | |

*5　(35,000 ＋ 25,000 ＋ 20,000 ＋ 評価差額 3,000*4) × 20％ ＝ 16,600
*6　80,000 －(35,000 ＋ 25,000 ＋ 20,000 ＋ 評価差額 3,000*4) × 80％ ＝ 13,600

(3) 当期純利益の非支配株主への按分

| 非支配株主に帰属する<br>当期純利益 | 8,000*7 | / | 非支配株主持分 | 8,000 |

*7　当期純利益 40,000 × 20％ ＝ 8,000

(4) のれんの償却

| のれん償却額 | 1,360*8 | / | の　れ　ん | 1,360 |

*8　13,600*6 × 1/10 ＝ 1,360

(5) 時価発行増資（A社合併に伴う新株の発行）

P社の子会社であるS社は，A社を合併する対価として新株を発行している。これは，経済実態の観点でみると，子会社S社が第三者割当増資を行い，その対価としてA社純資産を受け入れたとみることができる。また，これに伴い，P社のS社に対する持分割合が80％から60％に減少している。

＜合併前後におけるP社のS社株式の保有状況の変化＞

| | 合併前 | | ⇒ | 合併後 | |
| --- | --- | --- | --- | --- | --- |
| | 持ち株数 | 割合 | 新株発行 | 持ち株数 | 割合 |
| P　　　社 | 600株 | 80％ | 0株 | 600株 | 60％ |
| 非支配株主 | 150株 | 20％ | 250株 | 400株 | 40％ |
| 合　　　計 | 750株 | 100％ | 250株 | 1,000株 | 100％ |

そこで,連結子会社の増資の処理に準じ,まず従来の持分割合で株主割当増資が行われたとみなし(みなし割当),その後親会社が売却を行ったものとみなす(みなし売却)(第1章Q8参照)。

① みなし割当

| 資本剰余金 | 30,000*9 | S社株式 | 24,000*10 |
|---|---|---|---|
| | | 非支配株主持分 | 6,000*10 |

　*9　@120 × 250株(A社株主に交付したS社株式の時価)
　*10　従来の持分割合に応じ,P社が80%,非支配株主が20%で取得が行われたとみなす。

② みなし売却

| S社株式 | 24,000*10 | 非支配株主持分 | 30,600*11 |
|---|---|---|---|
| 資本剰余金*12 | 6,600 | | |

　*11　30,600 = A社取得後のS社純資産時価153,000(= 資本金35,000 + 資本剰余金25,000 + 利益剰余金60,000 + 評価差額3,000 + A社受入純資産30,000) × 合併によるP社のS社持分の減少割合(20%)
　*12　持分変動損益は資本剰余金として処理される。

以上を処理すると連結精算表(貸借対照表のみ)は,次頁のとおりとなる。

<×2年3月期連結精算表（貸借対照表のみ）>

| | P社 | S社(合併前) | 合併仕訳 | 合算 | 連結仕訳(1) | (2) | (3) | (4) | (5)① | (5)② | 連結財務諸表 |
|---|---|---|---|---|---|---|---|---|---|---|---|
| 諸資産 | 200,000 | 161,000 | 45,000 | 406,000 | | | | | | | 406,000 |
| S社株式 | 80,000 | | | 80,000 | | (80,000) | | | (24,000) | 24,000 | 0 |
| 土地 | | 9,000 | | 9,000 | 3,000 | | | | | | 12,000 |
| のれん | | | 5,000 | 5,000 | | 13,600 | | (1,360) | | | 17,240 |
| 諸負債 | (100,000) | (50,000) | (20,000) | (170,000) | | | | | | | (170,000) |
| 資本金 | (50,000) | (35,000) | | (85,000) | | 35,000 | | | | | (50,000) |
| 資本剰余金 | (10,000) | (25,000) | (30,000) | (65,000) | | 25,000 | | | 30,000 | | (50,000) |
| 利益剰余金 | (120,000) | (60,000) | | (180,000) | | 20,000 | 8,000 | 1,360 | | 6,600 | (150,640) |
| 評価差額 | | | | 0 | (3,000) | 3,000 | | | | | 0 |
| 非支配株主持分 | | | | 0 | | (16,600) | (8,000) | | (6,000) | (30,600) | (61,200) |

連結精算表における非支配株主持分 61,200 は，合併後 S 社純資産時価 148,000（＝資本金 35,000＋資本剰余金 25,000＋利益剰余金 60,000＋評価差額 3,000＋A 社受入純資産 30,000）に，合併後の非支配株主持分割合 40% を乗じた額としても求められる。

【補足】

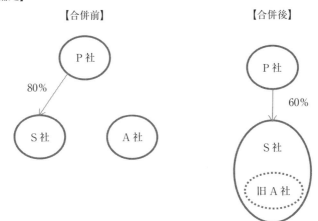

　本問においては，吸収合併の対価に吸収合併存続会社（S 社）の株式が含まれるため，合併の前後において，親会社 P 社の子会社各社に対する持分比率に変動が生じている。
すなわち P 社の持分は，
(ア) S 社との関係においては，合併前は 80% の持分が合併後には 60% に減少している。
(イ) A 社との関係においては，合併前は 0% の持分が合併後には（S 社に抱合される形で）60% に増加している。

　上記の親会社の持分変動の仕訳を連結上認識しているのが解答に示した(5)の仕訳であるが，この仕訳は，以下に分解して考えることが出来る。

(ア)に関する仕訳

S社との関係においては、持分が80%から60%に減少しているので、この20%の持分減少を売却取引に準じて処理する。

| | | | |
|---|---|---|---|
| S社株式 | 18,000*13 | 非支配株主持分 | 24,600*14 |
| 資本剰余金 | 6,600*15 | | |

*13 移転した価値 18,000 = 合併直前のS社時価 @120 × S社発行済株式数 750株 × 20%
*14 移転した持分 24,600 = (35,000 + 25,000 + 60,000 + 3,000) × 20%
*15 移転した価値と移転した持分との差額として認識された額(移転差額)。合併前後においてS社との支配関係が継続しているので、移転差額は損益ではなく資本剰余金として処理される。

(イ)に関する仕訳

① S社におけるA社合併に伴う投資と資本の相殺消去

S社は、S社株式250株を交付し、A社を取得し、純資産30,000を取得している。これをP社の連結上の観点から捉え、投資と資本の相殺消去を行う。

| | | | |
|---|---|---|---|
| 資本剰余金 | 30,000 | 非支配株主持分 | 30,000*16 |

*16 従来持分

② A社に係る持分変動の認識

次に、合併の結果、A社に対する持分が0%から60%に増加(非支配株主持分が100%から40%に60%減少)しているので、当該持分の変動を取得の処理に準じて認識する。

| | | | |
|---|---|---|---|
| 非支配株主持分 | 18,000*17 | S社株式 | 18,000*18 |

*17 移転した持分 18,000 = 30,000 × 60%
*18 みなし取得価額0と実際の取得価額18,000(=@120×250株×60%)との差額

(ア)(イ)の仕訳を集約すると、解答(5)に示す仕訳となる。

# 第3章 資産負債・収益費用の相殺消去

## Q1 債権債務残高及び取引高の不一致の原因及び会計処理

―― Question ――

◆連結会社間の債権債務残高及び取引高の相殺消去に当たり、親会社の債権及び売上高と連結子会社の債務及び仕入高に不一致が発生しました。これにはどのような原因が考えられますか。また、このような場合、どのような会計処理が必要となりますか。

《実務上の ポイント》

▶会計方針の違いが、取引高や債権債務の不一致の原因となりうる。
▶決算手続において不要な時間をかけないよう、定期的に関係会社間の債権債務の不一致につき差異分析を行い、差異原因の把握に努める必要がある。
▶連結会社間の取引について、一方の会社では認識され、相手方の会社では認識されていない場合には、未達取引として認識する必要がある。

## 1. 債権債務残高及び取引高の不一致の原因

各連結会社では，会社の経済実態に合わせて，会計方針を採用しています。このため，例えば商品売買において，売り手側は出荷基準を，買い手側では検収基準を採用しているということが起こりえます。この場合には，売り手側が期末日に出荷を行い，買い手側への到着が翌日となるなど，取引の認識時点に相違が出てきます。

## 2. 債権債務残高及び取引高の不一致の処理方法

取引高や債権債務に不一致が生じた場合，このままだと取引高や債権債務の相殺消去が行えません。このため，連結会社間の取引のうち一方では認識されているがもう一方で認識されていない取引については未達取引として連結上の調整を行います。

## 3. 設　例

【設例3-1】
　×2年3月期に，P社（親会社）とS社（子会社）との間で取引が発生した。次の前提条件を基に，×2年3月期の連結仕訳を答えなさい。

＜前提条件＞
① P社の売上計上基準：出荷基準
② S社の仕入計上基準：検収基準
③ ×2年3月期末においてP社はS社に20,000円の商品（利益ゼロ）の出荷販売を行った。

④ S社は×2年4月1日に当該商品の検収を行い,仕入計上した。

1. ×2年3月期末の会計処理

(1) P社の会計処理

| 売 掛 金 | 20,000 | / | 売 上 高 | 20,000 |

(2) S社の会計処理

| 仕訳なし |

**【解答・解説】**

1. 未達取引の認識

| 仕 入 高 | 20,000 | / | 買 掛 金 | 20,000 |
| 商　　品 | 20,000 | / | 仕 入 高 | 20,000 |

　P社で売上計上済みであるがS社で仕入計上を行っていない取引について,S社で仕入認識を行う。

2. 債権債務の相殺消去

| 買 掛 金 | 20,000 | / | 売 掛 金 | 20,000 |

　1.においてS社で仕入認識を行ったことから,P社の債権とS社の債務は一致する。

3. 取引高の相殺消去

| 売 上 高 | 20,000 | / | 売 上 原 価 | 20,000 |

　1.においてS社で仕入認識を行ったことから,P社,S社の関係会社間取引の金額は一致する。

## Q2 手形債権債務残高の不一致の原因と会計処理

――― Question ―――

◆当期末の連結決算日において，S社（子会社）が保有するP社（親会社）振出の受取手形残高と，P社におけるS社宛て支払手形の残高が一致しません。この場合の原因としてはどのようなことが考えられますか。また，連結上どのような会計処理が必要となりますか。

《実務上の ポイント 》

▶受取手形の割引，裏書により連結会社間の受取手形及び支払手形の残高に差異が生じ得る。
▶連結上の処理においては，受取手形の期末日時点での保有者が誰なのか（経済実態）に着目して修正を行う。
▶会計処理だけでなく，裏書譲渡高，手形割引高等の注記にも影響を与える。

### 1．手形債権債務残高不一致の発生原因及び処理の考え方

手形は取引の決済手段としての役割はもちろんのこと，資金調達手段として第三者への裏書譲渡や金融機関等への割引等のいくつかの取引形態があります。

受取手形の割引・裏書が行われると連結会社間で受取手形及び支払手形の残高に差異が生じる場合があるため，連結上の調整が必要

## 2. 設　例

**【設例3-2】**
［振出：親会社　期末保有者：子会社］
　×1年3月期において、P社（親会社）が企業集団外部のA社に手形を5,000振り出し、A社は当該手形をS社（子会社）に裏書譲渡した。
　×1年3月期末日においてもS社は当該手形を保有している。
　連結上どのような処理が必要となるか。

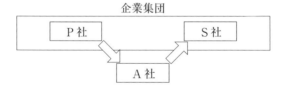

**【解答・解説】**
　期末日時点の状況をみると、P社が振り出した手形をS社が保有している。つまり、企業集団内で手形の移動が行われただけの状態となっている。このため下記の連結修正が必要となる。

| 支払手形 | 5,000 | ／ | 受取手形 | 5,000 |
|---|---|---|---|---|

**【設例3-3】**
［振出：親会社　期末保有者：企業集団外部］
　×1年3月期において、P社がS社（子会社）に手形を5,000振

り出し，S社は当該手形を企業集団外部のA社に裏書譲渡した。

×1年3月期末日においてもA社は当該手形を保有している。

連結上どのような処理が必要となるか。

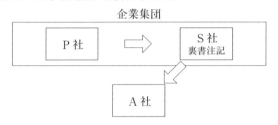

【解答・解説】

期末日時点の状況をみると，P社が振り出した手形をA社が保有している。つまり，企業集団が振り出した手形を外部の第三者が保有している状態となっている。このため下記の連結修正が必要となる。

| 仕訳なし |
|---|

S社個別上においては裏書注記が行われるが，企業集団としてみると当該取引は手形の単なる振り出しであるため，連結上でS社の裏書注記を消去することとなる。

本設例で仮に，A社が金融機関で，S社が手形の割引を行っていた場合には以下のようになる。

| 支払手形 | 5,000 | / | 借 入 金 | 5,000 |
|---|---|---|---|---|

また，S社個別上における割引注記を消去することとなる。

この場合，企業集団として考えると手形による借入を行った状態であるため，連結上の修正もこの経済実態に合わせたものとする。

# 第4章 未実現損益の消去

## Q1 未実現損失消去の会計処理

*Question*

◆当社は外部から仕入れた商品を連結子会社に販売しています。期中において当該商品を仕入価額以下で子会社に売却しており、期末においても当該商品を子会社が保有しています。この場合、連結上、未実現利益の消去と同様の処理を行ってもよいのでしょうか。

《実務上の ポイント》

▶未実現損失も未実現利益と同様に消去しなければならない。
▶ただし未実現損失については、売手側の帳簿価額のうち回収不能と認められる部分は消去しない。
▶未実現損失が資産価値の下落を示すものか否かについて、検討を行う必要がある。

## 1. 未実現損失消去の留意点

連結会社間の資産の売買取引において，売手側に損失が発生する場合があります。このとき，期末日において売買の対象となった資産が企業集団内に残っている場合，連結会社間の資産の売買取引から生じた損失は未実現損失として未実現利益と同様に消去することとなります。

ただし，未実現損失の場合には，売手側の帳簿価額のうち回収不能と認められる部分は消去しませんので，この点，留意が必要です。

例えば，連結会社間の資産の売買取引をその時の公正価値で行った結果として売手側に損失が発生したのであれば，この損失は資産価値の下落により生じたものと考えられます。連結上でこの未実現損失についても消去してしまうと，資産価値の下落を反映できずいわゆる含み損が発生してしまいます。

このように，未実現損失については消去を行うことが適切でない場合がありますので留意が必要です。

## 2. 設　例

【設例 4-1】
　P社（親会社）は連結企業集団外部から商品を仕入れ，S社（子会社）に販売している。次の前提条件を基に，×3年3月期の連結仕訳を答えなさい。

＜前提条件＞
① ×3年3月31日においてS社はP社から8,000で仕入れた商品を保有している。

② 当該商品はP社が企業集団外部より×2年3月期に10,000で仕入れた商品である。
③ ×3年3月31日における当該商品の時価は9,000と見積もられており、公正価値は今後増加しないと見込まれる。
④ 税効果は考慮しないものとする。

【解答・解説】
1. 取引高の相殺消去

| 売 上 高 | 8,000 | / | 売上原価 | 8,000 |
|---|---|---|---|---|

2. 未実現損失の消去

| 商　　品 | 1,000 | / | 売上原価 | 1,000*1 |
|---|---|---|---|---|

*1 未実現損失 2,000*2 − 回収不能額 1,000*3
*2 P社仕入額 − P社販売価格（10,000 − 8,000 = 2,000）
*3 P社帳簿価額のうち回収不能部分（10,000 − 9,000 = 1,000）

　連結上の未実現損益はP社売上 8,000 − P社仕入 10,000 = △2,000 となっているが、未実現損失 2,000 を全額消去することは認められないことに留意が必要である。
　P社は 10,000 で商品を仕入れているが期末日における公正価値は 9,000 に下落しており、今後公正価値が回復しない見込みのため売り手側であるP社の帳簿価額 10,000 のうち 1,000（公正価値 9,000 との差額）は回収不能と考えられる。このため未実現損失 2,000 のうち回収不能額 1,000 は消去しないこととなる。
　当該未実現損失を消去しないことにより、実質的に低価法により会計処理したことと同様の効果を得ることとなる。

## Q2 企業集団外部の第三者を経由する連結会社間取引

===== Question =====

◆当社は企業集団外部の商社経由で商品を連結子会社に販売しています。この場合に連結上で必要な処理を教えて下さい。

《実務上のポイント》

- ▶実質的に連結会社間の取引であることが明確であるときは，当該取引を連結会社間の取引とみなして処理する。
- ▶企業集団としての商流を精査し，連結上の調整が必要となる商流を洗い出す必要がある。
- ▶債権債務は第三者に対するものであるため相殺消去しない。

### 1. 企業集団外部の第三者を経由する連結会社間取引の留意点

企業集団外部の第三者を経由した場合でも，実質的に連結会社間の取引であるときは，当該取引を連結会社間の取引とみなして処理することが求められます。

例えば，親会社で製品製造を行い，当該製品を販売子会社が最終消費者へ販売する企業集団を仮定した場合，物流の効率化や事務代行のために親会社で製造した製品を一度企業集団外部の商社に販売し，そこから複数の販売子会社に販売する商流とすることが考えられます。このような場合は，物流の効率化や事務代行を目的として

第三者を介在させているにすぎず，実質的に連結会社間の取引であると考えられるため，通常の連結会社間取引と同様の調整が必要と考えられます。

なお，上記の例の親会社の有する債権及び販売子会社の有する債務は企業集団外部の商社に対するものであるため債権債務の相殺は行いません。

## 2. 設　例

【設例4-2】
　P社（親会社）は企業集団外部のT社を経由し，S社（子会社）に商品を販売している。次の前提条件を基に，×3年3月期の連結仕訳を答えなさい。

＜前提条件＞
① ×3年3月期において，P社は企業集団外部から7,000で仕入れた商品をT社に8,000で販売している。
② T社はP社から仕入れた商品8,000に自社の利益2,000を付加し，10,000でS社に販売している。
③ ×3年3月31日においてS社は当該商品を10,000保有している。
④ T社は商社であり，一連の取引においてP社とS社を仲介しているのみであり，商品自体はP社からS社に直送されている。またP社が販売した商品はT社を通じ，すべてS社に販売されている。
⑤ ×3年3月31日現在，当該一連の取引についてP社はT社に2,000の債権を有している。またS社はT社に3,000の債務を有している。
⑥ 税効果は考慮しない。

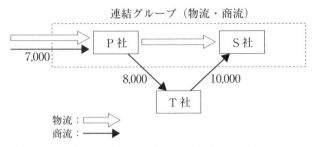

本設例においては,形式的には各連結グループ会社であるP社,S社ともに連結グループ外のT社と取引を実施している。しかしながら,その取引実態は商品がすべてS社に販売されていることから実質的に連結会社間取引と判断できる。

## 【解答・解説】

1. 取引高の相殺消去

| 売 上 高 | 8,000 | / | 売 上 原 価 | 8,000*1 |

*1 P社売上高 8,000 が相殺消去の対象となる。

2. 未実現利益の消去

| 売 上 原 価 | 1,000 | / | 商　　　品 | 1,000*2 |

*2 S社保有のP社在庫に含まれる未実現利益
P社売上高 − P社仕入高（8,000 − 7,000 = 1,000）
T社で計上される利益 2,000 については企業集団外部のものであるため連結上調整は行わない。

ここまでの処理を反映すると連結財務諸表上では商品が 9,000 となる。これはP社仕入高 7,000 とT社計上利益 2,000 からなっている。

このうちT社計上利益 2,000 についてはT社が行うサービスの経済実態に合わせて連結上の調整を行うことが適切である。

仮にT社の利益 2,000 が事務代行手数料に該当するもので,特にP社商品に付加価値を与えるものではないと判断される場合には,下記の連結修正仕訳を行うことが考えられる。

| 販 管 費 | 2,000 | / | 商 品 | 2,000*3 |

*3 T社計上利益（10,000 − 8,000 = 2,000）

　また，×3年3月31日現在，当該一連の取引についてP社はT社に2,000の債権を有しており，S社はT社に3,000の債務を有しているが，これらは企業集団外部の第三者に対する債権債務であるため，連結上債権債務消去は行わない。

## Q3 有形固定資産の未実現利益の消去（減損がある場合）

―― Question ――

◆当社は連結子会社S社に対して土地を売却しました。その後の事業年度でS社は当該土地に対して減損損失を認識しました。この場合に必要となる連結上の手続きについて教えて下さい。

《実務上の ポイント 》

▶未実現利益の分だけ連結上の減損損失は個別上の減損損失より小さくなる。

## 1. 有形固定資産の未実現利益の消去（減損がある場合）の留意点

　企業集団内の取引から生じた損益は、企業集団としての損益とならないことから、このような損益は連結上未実現損益として消去することになります。

　企業集団内で有形固定資産の売買取引が行われ、取引の対象となった有形固定資産について後の事業年度で減損損失を認識することを想定します。この場合、個別上は簿価と回収可能価額との差額を減損損失として認識しますが、連結上も同様に連結上の簿価と回収可能価額との差額を減損損失として認識します。

　ただし、企業集団内の取引の対象となった有形固定資産は個別と連結で簿価に差が生じることから、この差について連結上調整を行うことが求められます。

## 2. 設　例

【設例4-3】
　次の前提条件を基に、×3年3月期の連結仕訳を答えなさい。

＜前提条件＞
① P社（親会社）は×2年3月31日にS社（子会社）に土地を10,000で売却している（取得価額8,000）。
② S社は×3年3月31日にP社から取得した土地に対して減損損失5,000を認識した。
③ 税効果は考慮しない。

## 【解答・解説】

1. S社個別上の会計処理

| 減損損失 | 5,000 | / | 土　　地 | 5,000 |
|---|---|---|---|---|

2. 開始仕訳

| 利益剰余金期首残高 | 2,000 | / | 土　　地 | 2,000*1 |
|---|---|---|---|---|

*1　S社取得価額 10,000 － P社取得価額 8,000 ＝ 2,000

3. 未実現利益の実現仕訳

| 土　　地 | 2,000 | / | 減損損失 | 2,000 |
|---|---|---|---|---|

　連結上の減損損失はP社取得価額 8,000 と回収可能価額 5,000 との差額である 3,000 となる。S社個別上で認識した減損損失は未実現利益 2,000 の分だけ連結上の減損損失より大きくなっていることから，これを調整する。

## Q4　有形固定資産の未実現利益の消去（圧縮記帳の場合）

―― Question ――

◆S社（子会社）は特定の事業推進のため国庫補助金を受け取りました。S社は当該国庫補助金で当社（親会社）から工作機械を購入し，圧縮記帳の会計処理をしています。この場合，連結上どのような会計処理を行うか教えて下さい。

《実務上の ポイント》

▶国庫補助金等をもとに関係会社から有形固定資産を購入するという取引は，企業集団の観点からは国庫補助金等の受け入れと有形固定資産の移動であると考えられる。
▶売却損益≦圧縮損の場合，圧縮記帳により未実現損益が相殺されているため，特に連結上の調整を要しない。
▶売却損益＞圧縮損の場合，未実現利益が圧縮記帳額を超える部分についてのみ未実現利益を消去すればよい。

## 1．有形固定資産の未実現利益の消去（圧縮記帳の場合）の留意点

　圧縮記帳に関する監査上の取扱い（監査第一委員会報告第43号）において，税務上の圧縮記帳額を直接減額方式により会計処理することが認められています。

　圧縮記帳を行う会社は，一定の条件下で税制優遇を受けるために固定資産の帳簿価額を減額し課税の繰延を行います。つまり，国庫補助金等の発生時に課税されないよう，受取時には課税所得を発生させず固定資産の帳簿価額を減額し，翌期以降で減価償却費の減額を通じて徐々に課税されるように処理します。

　一方，国庫補助金等をもとに関係会社から有形固定資産を購入するという取引は，企業集団の観点からは国庫補助金等の受け入れと有形固定資産の移動であると考えられます。このため企業集団としての経済実態を表すよう連結修正が必要となります。

## 2. 設　例

### 【設例 4-4】

×3年3月31日にP社はS社（子会社）に機械を10,000（取得原価8,000）で売却した。S社は当該機械の購入に際して国庫補助金を受取り直接減額処理を行った。①国庫補助金が5,000の場合，②1,000の場合，それぞれについて×3年3月31日の未実現利益の消去に係る連結修正仕訳を答えなさい。

### 【解答・解説】

① 国庫補助金が5,000の場合

1. S社個別上の会計処理

| 有形固定資産 | 10,000 | 現金預金 | 10,000 |
| 現金預金 | 5,000 | 国庫補助金受入益 | 5,000 |
| 圧　縮　損 | 5,000 | 有形固定資産 | 5,000 |

2. 連結修正仕訳

| 仕訳なし |

∵圧縮損 5,000 ＞未実現利益 2,000

S社の有形固定資産は5,000となっており，P社の取得原価よりも低くなっているため，未実現利益の消去は必要ない。

② 国庫補助金が1,000の場合

1. S社個別上の会計処理

| 有形固定資産 | 10,000 | 現金預金 | 10,000 |
| 現金預金 | 1,000 | 国庫補助金受入益 | 1,000 |
| 圧　縮　損 | 1,000 | 有形固定資産 | 1,000 |

## 2. 連結修正仕訳

| 固定資産売却益 | 1,000 | / | 有形固定資産 | 1,000*¹ |

*1　未実現利益 2,000 − 圧縮損 1,000
∵圧縮損 1,000 ＜ 未実現利益 2,000

S社で計上している有形固定資産は 9,000 となっており，P社の取得原価よりも 1,000 だけ大きくなっている。この 1,000 は連結上の未実現利益に相当するため消去が必要となる。

## Q5 連結会社間リース取引における未実現利益の消去

===== Question =====

◆当社は OA 機器リース業を営んでおり，連結子会社のS社は当社からリース物件を借り受けております。この場合，連結上どのような調整を行えばよいか教えて下さい。

《実務上の ポイント》

▶連結会社間のリース取引は企業集団の観点からは，企業集団内の資産の移転にすぎない。
▶連結財務諸表上では，取引対象の有形固定資産を事業に供している場合と同様（連結会社間でのリース取引は存在しない）の結果となるように連結修正を行う。

## 1. 連結会社間リース取引における未実現利益の消去の留意点

実務上，連結会社間でリース取引を行う場合があります。

リース取引については貸手と借手それぞれに多様な会計処理が定められていることから，貸手と借手の会計処理が対の関係にならないという事態が生じえます。

また，連結会社間のリース取引は企業集団の観点からは，企業集団内の資産の移転にすぎないことから，連結上は有形固定資産を保有している（連結会社間でのリース取引は存在しない）のと同様の会計処理が行われたように表示する必要があります。このため個別上で行った会計処理と上記のあるべき会計処理との差異を連結上で修正することとなります。

## 2. 設　例

【設例 4-5】
連結親会社である P 社は × 2 年 3 月期より子会社である S 社に機械装置をリースしている。次の前提条件を基に × 2 年 3 月期における連結修正仕訳を答えなさい。

＜前提条件＞
① 借手，貸手ともに所有権移転外ファイナンス・リース取引に該当する。
② リース期間は 5 年である。
③ リース物件の見積現金購入価額は 50,000 である（貸手のリース物件の購入価額はこれと等しいが，借手において当該購入価額は

明らかではない)。

④ リース料は年額 12,000 であり支払は半年ごと後払いである。
⑤ リース物件の経済的耐用年数は 8 年である。
⑥ 借手の減価償却方法は定額法である。
⑦ 借手の追加借入利子率は年 8% である。ただし,借手は貸手の計算利子率を知り得ない。年 8% の割引率を用いたリース料総額の現在価値は 48,665 となる。
⑧ 貸手の見積残価額は 4,000 である。
⑨ リース開始日は×1 年 4 月 1 日である。

なお借手の返済スケジュール及び貸手の返済スケジュールは,下記のとおりとなる。

**借手のリース債務の返済スケジュール**

| 返済日 | 期首元本 | 返済合計 | 元本分 | 利息分 | 期末元本 |
|---|---|---|---|---|---|
| ×1.9.30 | 48,665 | 6,000 | 4,053 | 1,947 | 44,612 |
| ×2.3.31 | 44,612 | 6,000 | 4,216 | 1,784 | 40,396 |
| ×2.9.30 | 40,396 | 6,000 | 4,384 | 1,616 | 36,012 |
| ×3.3.31 | 36,012 | 6,000 | 4,559 | 1,441 | 31,453 |
| ⋮ | | | | | |
| ×6.3.31 | 5,769 | 6,000 | 5,769 | 231 | 0 |
| 合　計 | − | 60,000 | 48,665 | 11,335 | − |

**貸手のリース債権の回収スケジュール**

| 回収日 | 期首元本 | 回収合計 | 元本分 | 利息分 | 期末元本 |
|---|---|---|---|---|---|
| ×1.9.30 | 50,000 | 6,000 | 3,740 | 2,260 | 46,260 |
| ×2.3.31 | 46,260 | 6,000 | 3,909 | 2,091 | 42,351 |
| ×2.9.30 | 42,351 | 6,000 | 4,086 | 1,914 | 38,265 |
| ×3.3.31 | 38,265 | 6,000 | 4,270 | 1,730 | 33,995 |
| ⋮ | | | | | |
| ×6.3.31 | 9,568 | 10,000 | 9,568 | 432 | 0 |
| 合　計 | − | 64,000 | 50,000 | 14,000 | − |

## 【解答・解説】

個別上ではP社はリースの貸手の処理,S社はリースの借手の処理を行っている。しかし連結上では取引の対象となった機械装置を事業に供したのと同様の結果となるように修正を行うことが必要となる。

1. S社個別上の会計処理の取り消し

| リース債務 | 48,665 / リース資産 | 48,665 |
|---|---|---|

リース開始時の会計処理を取り消す。

| 現金預金 | 12,000 / リース債務 | 8,269 |
|---|---|---|
|  | 支払利息 | 3,731 |

P社へリース料を支払った際の会計処理を取り消す。

| 減価償却累計額(リース資産) | 9,733 / 減価償却費 | 9,733 |
|---|---|---|

リース資産にかかる減価償却の会計処理を取り消す。

2. P社個別上の会計処理の取り消し

| 買 掛 金 | 50,000 / リース投資資産 | 50,000 |
|---|---|---|

リース対象資産購入時の会計処理を取り消す。

| 売 上 高 | 12,000 / 現金預金 | 12,000 |
|---|---|---|
| リース投資資産 | 7,649 / 売上原価 | 7,649 |

S社から受け取ったリース料にかかる会計処理を取り消す。

3. 連結上で計上すべき会計処理の反映

| 機械装置 | 50,000 / 買 掛 金 | 50,000 |
|---|---|---|

企業集団外部から資産を購入した際の会計処理を反映する。

| 減価償却費 | 5,750*1 / 減価償却累計額(機械装置) | 5,750 |
|---|---|---|

上記資産に係る減価償却の会計処理を反映する。

*1 (取得価額50,000 − 見積残存価額4,000) ÷ 経済的耐用年数8年 = 5,750

4. 連結修正仕訳（上記1～3の合算）

| | | | |
|---|---:|---|---:|
| 機械装置 | 50,000 | リース資産 | 48,665 |
| 減価償却累計額(リース資産) | 9,733 | 減価償却累計額(機械装置) | 5,750 |
| リース債務 | 40,396 | リース投資資産 | 42,351 |
| 売上高 | 12,000 | 売上原価 | 7,649 |
| | | 支払利息 | 3,731 |
| | | 減価償却費 | 3,983 |

1から3を合算すると上記の仕訳となり，これが計上すべき連結修正仕訳となる。

## Q6 ノウハウを有償支給した場合の未実現利益の消去

=== Question ===

◆当社は企業集団外部のT社を買収し，特許権を取得しました。その後，連結子会社であるS社と特許ライセンス契約を締結しております。この場合，連結上未実現利益の調整に関して，どのような会計処理を行うか教えて下さい。

《実務上の ポイント 》

▶企業集団内でノウハウを有償支給した場合，無形固定資産について，未実現利益消去を行うことが必要となる。

## 1. ノウハウを有償支給した場合の未実現利益の消去の留意点

企業集団内に特許権などのノウハウを有償支給した場合，一般に，単体上では支給した側においては収益が計上され，支給を受けた側では無形固定資産が計上されます。

この場合，企業集団の観点からすると企業集団内でのノウハウの融通とそれに伴う資金移動が生じたにすぎないと考えられます。このため，支給を受けた側で計上された無形固定資産に含まれる未実現利益を消去することが必要となります。

## 2. 設　例

【設例4-6】

×2年3月31日おいて，P社（親会社）は自社で取得した特許権についてS社（子会社）に使用許諾権を与えた。S社は当該特許権を利用して製品開発を行っている。

次の前提条件を基に，×2年3月期，×3年3月期及び×4年3月期における当該取引に関する連結仕訳を答えなさい。

＜前提条件＞
① P社は×2年3月31日にS社に対して対価10,000で特許の使用許諾権を与えている。
② P社は当該対価を入金時一括収益計上している。
③ S社は使用許諾権の対価10,000を無形固定資産に計上し，5年間で均等償却している。
④ S社は×4年3月31日において当該無形固定資産を全額減損処理している。

⑤ 税効果は考慮しない。

## 【解答・解説】

1. ×2年3月期末における未実現利益消去仕訳

| 売 上 高 | 10,000 | / | 無形固定資産 | 10,000 |
|---|---|---|---|---|

2. ×3年3月期における開始仕訳

| 利益剰余金 | 10,000 | / | 無形固定資産 | 10,000 |
|---|---|---|---|---|

3. ×3年3月期末における未実現利益の実現仕訳

| 無形固定資産 | 2,000*1 | / | 減価償却費 | 2,000 |
|---|---|---|---|---|

*1 10,000÷5年

4. ×4年3月期における開始仕訳

| 利益剰余金 | 8,000 | / | 無形固定資産 | 8,000 |
|---|---|---|---|---|

5. ×4年3月期末における未実現利益の実現仕訳

| 無形固定資産 | 8,000 | / | 減価償却費 | 2,000 |
|---|---|---|---|---|
|  |  |  | 減損損失 | 6,000 |

S社はP社から受けた特許の使用許諾権について5年で減価償却していることから、×4年3月期中に減価償却2,000、減損損失6,000を認識している。

連結上は当該使用許諾権について何ら資産・負債を認識していないことから、S社で計上した会計仕訳を振り戻す必要がある。

## Q7 有価証券に含まれる未実現損益の消去

=== Question ===

◆当社は，当社が保有する企業集団外部の第三者が発行した株を，連結子会社に売却しました。この場合，連結上でどのような処理が必要となるか教えて下さい。

《実務上の ポイント 》

▶企業集団外部の者が発行した有価証券について連結会社間取引を行った場合，棚卸資産，固定資産，無形固定資産などの他の資産の場合と同様に未実現損益消去が必要となる。

▶有価証券の連結会社間取引は，企業集団の観点からは有価証券の移動にすぎないため，当該有価証券を1つの企業が引き続き保有していた場合と同様の結果となるように連結上の調整を行う。

▶未実現損失については，売り手側の帳簿価額のうち回収不能と認められる部分は消去しない。

### 1．有価証券に含まれる未実現損益の消去の留意点

企業集団外部の第三者が発行した有価証券を連結会社間で売買した場合，棚卸資産や固定資産の場合と同様に未実現損益を消去します。

有価証券は一般に棚卸資産や固定資産と異なり時価の変動が激しいため，連結会社間取引時において売却損益が発生するケースが多

く,その後期末日に有価証券の購入者側で有価証券の評価替えを行うのが通常です。

この際の連結上の調整で注意すべきポイントは,当該有価証券を1つの企業が引き続き保有していた場合と同様の結果となるように調整を行うということです。

つまり,有価証券の連結会社間取引は,企業集団の観点からは有価証券の移動にすぎないため,連結財務諸表には期末日における評価替えのみが表示されるように調整する必要があります。

## 2. 設　例

【設例4-7】
　×3年3月期においてP社（親会社）はS社（子会社）に簿価10,000の株式を12,000で売却している。×3年3月31日における当該株式の時価は13,000である。次の前提を基に,×3年3月期の連結修正仕訳を答えなさい。

＜前提条件＞
① P社及びS社はその他有価証券の評価差額の合計額を純資産の部に計上する方法により処理している。
② 税効果は考慮しない。

【解答・解説】
1. ×3年3月期のP社の計上仕訳

| 現金及び預金 | 12,000 | 投資有価証券 | 10,000 |
|---|---|---|---|
| | | 投資有価証券売却益 | 2,000 |

2. ×3年3月期のS社の計上仕訳
   (1) その他有価証券取得時

| 投資有価証券 | 12,000 | 現金及び預金 | 12,000 |

   (2) 期末日評価替え

| 投資有価証券 | 1,000 | その他有価証券評価差額金 | 1,000 |

3. 連結修正仕訳

| 投資有価証券売却益 | 2,000 | その他有価証券評価差額金 | 2,000 |

この結果，連結財務諸表上は投資有価証券13,000及びその他有価証券評価差額金3,000が計上され，投資有価証券売却益は消去される。

## 【設例4-8】

×3年3月期においてP社（親会社）はS社（子会社）に簿価10,000の株式を7,000で売却している。×3年3月31日における当該株式の時価は8,000である。次の前提を基に，×3年3月期の連結修正仕訳を答えなさい。

＜前提条件＞
① P社及びS社はその他有価証券の評価差額の合計額を純資産の部に計上する方法により処理している。
② 税効果は考慮しない。

## 【解答・解説】

1. ×3年3月期のP社の計上仕訳

| 現金及び預金 | 7,000 | 投資有価証券 | 10,000 |
| 投資有価証券売却損 | 3,000 | | |

2. ×3年3月期のS社の計上仕訳
　(1) その他有価証券取得時

| 投資有価証券 | 7,000 | ／ | 現金及び預金 | 7,000 |

　(2) 期末日評価替え

| 投資有価証券 | 1,000 | ／ | その他有価証券評価差額金 | 1,000 |

3. 連結修正仕訳

| その他有価証券評価差額金 | 3,000 | ／ | 投資有価証券売却損 | 3,000 |

　この結果，連結財務諸表上は投資有価証券8,000及びその他有価証券評価差額金△2,000が計上され，投資有価証券売却損は消去される。

# 第5章

# 持 分 法

## Q1 持分法の適用時及び追加取得時の会計処理

### Question

◆当社は前期(×2年3月期)にA社株式の30%を取得しました。さらに,当期(×3年3月期)において,A社株式の10%を追加取得しました。

この場合に必要となる連結上の手続について教えて下さい。

《実務上の ポイント》

- ▶株式取得日ごとに被投資会社の資産及び負債を時価評価し,投資会社の投資額と被投資会社の時価評価後の純資産との差額をのれん又は負ののれんとする。
- ▶のれんは投資に含め20年以内のその効果の及ぶ期間にわたって償却し,負ののれんは発生時に一括収益計上する。
- ▶連結上の関連会社株式に含まれるのれんの額を適切に管理する体制が必要となる。

## 1. 持分法の適用時及び追加取得時の会計処理の留意点

　非連結子会社及び関連会社に対する投資の評価には，原則として持分法が適用されます。持分法とは，投資会社が被投資会社の資本及び損益のうち投資会社に帰属する部分の変動に応じて，その投資の額を連結決算日ごとに修正する方法をいいます。被投資会社の財務諸表項目を合算（完全連結）する連結と異なり，当該投資会社に帰属する変動部分を関連会社株式及び持分法による投資損益のみで調整するため，一行連結といわれたりもします。

　持分法を適用する際の留意点として，連結とは異なり，被投資会社の資産及び負債の時価評価は被投資会社株式を取得する都度，新規取得割合相当部分のみを時価評価しなければならない点が挙げられます。すなわち，持分法適用時及び追加取得時の両時点において，それぞれの取得比率に相当する部分のみ資産及び負債の時価評価を行うということです。

　そして，当該時価評価額と当該資産及び負債の帳簿価額との差額は評価差額として，持分法適用会社の資本に含まれることになります。なお，上記両時点それぞれにおける被投資会社の資本のうちの投資会社持分相当額と，投資会社の投資額との間に差額が生じる場合は，のれん又は負ののれんとなりますが，連結とは異なり投資に含めて処理されることになるため，オンバランスされない点にご留意下さい。

## 2. 設　例

【設例 5-1】
　×2年3月31日に，P社はA社を持分法適用会社とした。次の前提条件を基に，×2年3月期及び×3年3月期の連結仕訳を答えなさい。

＜前提条件＞
① P社は×2年3月31日にA社株式360株（持分割合30%）を総額50,000で購入しA社を持分法適用会社としている。
② ×2年3月31日のA社の貸借対照表は下記のとおりである。

| 資　産 | 215,460 | 負　債 | 68,900 |
|---|---|---|---|
| （内，土地 900） | | 資　本　金 | 20,000 |
| | | 資本剰余金 | 10,000 |
| | | 利益剰余金 | 116,560 |

＊資産のうち，土地（簿価900）の時価は1,300となっている。

③ P社は×3年3月31日にA社株式120株（持分割合10%）を総額20,000で追加購入している。
④ ×3年3月31日のA社の貸借対照表は下記のとおりである。

| 資　産 | 235,460 | 負　債 | 68,900 |
|---|---|---|---|
| （内，土地 900） | | 資　本　金 | 20,000 |
| | | 資本剰余金 | 10,000 |
| | | 利益剰余金 | 136,560 |

＊資産のうち，土地（簿価900）の時価は1,400となっている。

⑤ のれんは発生年度の翌年から10年間にわたり償却する。
⑥ 法定実効税率は40%とする。

## 【解答・解説】

### 1. ×2年3月期の会計処理

(1) A社資産負債の時価評価（連結財務諸表へは反映しない）

| 土　　地 | 120*1 | 評価差額 | 72*2 |
|---|---|---|---|
| | | 繰延税金負債 | 48 |

*1　(土地時価1,300 − 土地簿価900) × P社持分割合30% = 120
*2　土地評価額120 × (1 − 40%（実効税率）) = 72

(2) 持分法仕訳

| 仕訳なし |
|---|

持分法の場合，負ののれんが生じない場合は株式取得時に連結仕訳が生じない。

連結上は関連会社株式が50,000計上されているが，このうちのれん相当額は5,960（50,000 −（A社純資産のうちP社持分額43,968*3 + 土地評価差額72））となっている。

*3　×2年3月期末A社純資産146,560 × P社持分割合30% = 43,968

### 2. ×3年3月期の会計処理

(1) A社の損益取り込み

| A社株式 | 6,000*4 | 持分法による投資損益 | 6,000 |
|---|---|---|---|

*4　A社損益20,000（136,560 − 116,560）× P社持分割合30% = 6,000

(2) のれん相当額の償却

| 持分法による投資損益 | 596*5 | A社株式 | 596 |
|---|---|---|---|

*5　のれん5,960 ÷ 10年 = 596

## (3) 追加取得分のA社資産負債の時価評価
（連結財務諸表へは反映しない）

| 土　　地 | 50*6 | 評価差額 | 30*7 |
|---|---|---|---|
|  |  | 繰延税金負債 | 20 |

*6 （土地時価 1,400 − 土地簿価 900）× P社追加取得割合 10% = 50
*7 土地評価額 50 ×（1 − 40%（実効税率））= 30

## (4) 追加取得分の持分法仕訳

| 仕訳なし |
|---|

　持分法の場合，負ののれんが生じない場合は株式取得時に連結仕訳が生じない。

　このとき，追加取得分に係るのれん相当額は，1 (2) と同様に計算して 3,314（20,000 −（A社純資産のうちP社持分額 16,656*8 + 土地評価差額 30））となる。

　この時点で連結上，関連会社株式は 75,404*9 計上されているが，このうちのれん相当額は 8,678*10 となる。

*8 ×3年3月期末A社純資産額 166,560 × P社持分割合 10% = 16,656
*9 当初取得 50,000 + 当期利益 6,000 − のれん償却 596 + 追加取得 20,000 = 75,404
*10 当初取得のれん 5,960 − のれん償却 596 + 追加取得のれん 3,314 = 8,678

# 関連会社株式を一部売却した場合
## （継続して持分法適用会社となる場合）

═══ Question ═══

◆当社はA社株式の 40% を保有し，A社を持分法適用会社としています。当期においてA社株式の 10% を売却しましたが，売却後も持分法適用会社としています。

この場合，どのような会計処理を行うか教えて下さい。

《実務上の ポイント 》
▶被投資会社に対する投資の売却時点の持分法上の簿価と個別上の簿価との差額を，関連会社株式売却損益に調整し，持分法上の売却損益に修正する。

## 1. 関連会社株式の一部売却による持分法上の売却損益の調整の際の留意点

　関連会社株式を一部売却し，売却後においても持分法適用会社となる場合には，資本のうち売却した株式に対応する持分の減少額と投資の減少額との間に生じた差額は，関連株式の売却損益の修正として処理する。ただし，当該差額のうち，持分法適用会社が計上しているその他の包括利益累計額に係る部分については，売却損益の修正に含めません。

　なお，売却に伴うのれんの未償却額のうち売却した株式に対応する部分についても，上記持分の減少額に含めて計算することになります。

## 2. 設　例

【設例5-2】（【設例5-1】のつづき）
　P社は×4年3月31日にA社株式120株（持分割合10％）を，総額40,000で売却した。次の前提条件を基に，×4年3月期の連結仕訳を答えなさい。

<前提条件>

① P社は×2年3月31日にA社株式360株(持分割合30%)を総額50,000で購入し、A社を持分法適用会社としている。

② ×2年3月31日のA社の貸借対照表は下記のとおりである。

| 資　　産 | 215,460 | 負　　債 | 68,900 |
|---|---|---|---|
| （内，土地900） | | 資　本　金 | 20,000 |
| | | 資本剰余金 | 10,000 |
| | | 利益剰余金 | 116,560 |

＊資産のうち、土地（簿価900）の時価は1,300となっている。

③ P社は×3年3月31日にA社株式120株(持分割合10%)を総額20,000で追加購入している。

④ ×3年3月31日のA社の貸借対照表は下記のとおりである。

| 資　　産 | 235,460 | 負　　債 | 68,900 |
|---|---|---|---|
| （内，土地900） | | 資　本　金 | 20,000 |
| | | 資本剰余金 | 10,000 |
| | | 利益剰余金 | 136,560 |

＊資産のうち、土地（簿価900）の時価は1,400となっている。

⑤ ×4年3月31日のA社の貸借対照表は下記のとおりである。

| 資　　産 | 255,460 | 負　　債 | 68,900 |
|---|---|---|---|
| （内，土地900） | | 資　本　金 | 20,000 |
| | | 資本剰余金 | 10,000 |
| | | 利益剰余金 | 156,560 |

⑥ のれんは発生年度の翌年から10年間にわたり均等償却する。

⑦ 法定実効税率は40%とする。

【解答・解説】

1. A社の当期純利益の取り込み

| A社株式 | 8,000 | ／ | 持分法による投資損益 | 8,000*1 |
|---|---|---|---|---|

＊1　A社当期純利益20,000(=156,560 − 136,560) × P社持分割合40% = 8,000

## 2. のれん相当額の償却

| 持分法による投資損益 | 927 | / | A社株式 | 927*2 |

*2 ×2年3月31日当初取得時ののれん相当額未償却残高 5,364 ÷ 9年 + ×3年3月31日追加取得時ののれん相当額未償却残高 3,314 ÷ 10年 = 927

## 3. 関連会社株式売却損益の修正

| A社株式売却益 | 3,119 | / | A社株式 | 3,119*3 |

*3 取得後利益剰余金（6,000*4 + 8,000*1 − 1,523*5）× 売却比率 10% ÷ 売却前持分比率 40% = 3,119

*4 ×3年3月期 A社当期純利益 20,000（=136,560 − 116,560）× P社持分比率 30%

*5 ×2年3月31日当初取得時ののれん相当額 5,960 ÷ 10年 × 2年 + ×3年3月31日追加取得時ののれん相当額 3,314 ÷ 10年 = 1,523

## Q3 持分法非適用関連会社の重要性が増した場合

===== Question =====

◆当社はA社株式の30%を保有し、A社を関連会社としています。従来は当社におけるA社の重要性が低いと判断されたことから持分法非適用としていたのですが、当期においてA社の重要性が増したため持分法を適用しようと考えています。この場合、どのような会計処理を行うか教えて下さい。

《実務上のポイント》

▶当初から持分法を適用していたと仮定した場合の期首の関連会社株式と個別上の簿価との差額を連結株主資本等変動計算書上の利

益剰余金の区分において調整する。

## 1．持分法非適用関連会社の重要性が増した場合の留意点

　連結上，関連会社株式は原則として持分法によって評価します。しかし，関連会社の重要性が低いと判断された場合においては，持分法を適用せず連結上の調整を実施しないことが認められています。

　その後，当該関連会社の重要性が増した場合には，原則に基づき持分法を適用することとなります。このとき，当初から持分法を適用していたと仮定した場合の期首の関連会社株式と個別上の簿価との間には，差異が生じています。当該差異の処理については基準で明確にされていませんが，差異が過年度の連結上の利益剰余金を構成する性質のものであることを考慮すると，連結株主資本等変動計算書上の利益剰余金の区分で「持分法適用会社の増加に伴う利益剰余金増加高（又は減少高）」等の科目で表示することが適切と考えられます。

## 2．設　例

【設例5-3】
　×3年3月31日に，P社は過年度まで持分法非適用としていたA社株式の重要性が増したと考え，当該株式の評価について持分法を適用することとした。次の前提条件を基に，×3年3月期の連結仕訳を答えなさい。

<前提条件>
① ×1年3月31日にP社はA社株式360株(持分割合30%)を総額39,000で購入し,A社を関連会社とした。ただし,重要性が低いと判断し持分法は適用しなかった。
② P社は×3年3月31日にA社の重要性が増したと判断し,A社株式に持分法を適用することとした。
③ ×1年3月31日のA社の貸借対照表は下記のとおりである。

| 資　産 | 200,000 | 負　債 | 70,000 |
|---|---|---|---|
| | | 資　本　金 | 20,000 |
| | | 資本剰余金 | 10,000 |
| | | 利益剰余金 | 100,000 |

④ ×3年3月31日のA社の貸借対照表は下記のとおりである。

| 資　産 | 600,000 | 負　債 | 70,000 |
|---|---|---|---|
| | | 資　本　金 | 20,000 |
| | | 資本剰余金 | 10,000 |
| | | 利益剰余金 | 500,000 |
| | | (内,当期純利益 300,000) | |

【解答・解説】
1. 開始仕訳(取得後利益剰余金の調整)

| A社株式 | 30,000*1 | / | 利益剰余金(増加高) | 30,000 |
|---|---|---|---|---|

*1 ×2年3月期のA社利益 100,000 × P社持分割合 30% = 30,000

P社はA社に対して持分法を適用していなかったため,期首の段階ではA社株式は個別上簿価(原価法)で評価されている。しかしP社の株式購入後である×2年3月期にA社は100,000の利益を計上していることから,仮に当初から持分法を適用していたとすると,A社株式の評価額はその分増加していたことになる。当該増加分は過年度の連結上の利益剰余金を構成するため,連結株主資本等変動計算書上の利益剰余金の区分において調整することが適切と考えられる。

2. A社の損益の取り込み

| A社株式 | 90,000*2 | 持分法による投資損益 | 90,000 |

*2 当期純利益 300,000 × 30% = 90,000

# Q4 持分法適用会社による第三者割当増資

===== Question =====

◆当社はA社株式の30%を保有していますが、当期においてA社が第三者割当増資を行い、企業集団外部の第三者が全額引き受けました。この場合、連結上どのような会計処理を行うか教えて下さい。

《実務上の ポイント》

▶被投資会社の増資に伴う持分法の連結修正仕訳は、連結処理と同様に、株式の追加取得（持分の増加）又は株式の一部売却（持分の減少）に準じた処理を行う。

## 1. 持分法適用会社による第三者割当増資の留意点

持分法適用会社が第三者割当増資を実施し、その引き受け割合が増資前の持分比率と異なる場合には、第三者割当増資により持分の変動が生じます。

ここで，持分が増加する場合には株式の追加取得に準じて処理を行い，持分が減少する場合には株式の一部売却に準じて処理を行うこととなります。当該会計処理の考え方は，連結の場合（第1章Q7，Q8参照）と同様です。

## 2. 設　例

**【設例 5-4】**

×3年3月31日に，P社の持分法適用会社であるA社は第三者割当増資を行い，300株を1株当たり150で発行し，P社以外の第三者が全額引き受けた。次の前提条件を基に，×3年3月期の連結仕訳を答えなさい。

＜前提条件＞
① P社は×2年3月31日にA社（発行済株式総数1,200株）の株式360株を総額50,000で購入し，A社を持分法適用会社としている（保有割合30%）。
② 増資による払込は全額資本金に組み入れている。
③ A社の×3年3月期当期純利益は10,000である。
④ 法定実効税率は40%とする。
⑤ ×2年3月31日及び×3年3月31日のA社の貸借対照表は下記のとおりである。
⑥ のれんは発生年度の翌年から10年間にわたり償却する。

×2年3月31日

| 資　産 | 215,460 | 負　債 | 68,900 |
|---|---|---|---|
| （内，土地 900） | | 資 本 金 | 20,000 |
| | | 資本剰余金 | 10,000 |
| | | 利益剰余金 | 116,560 |

＊資産のうち，土地（簿価900）の時価は1,300となっている。

×3年3月31日

| 資　　産 | 270,460 | 負　　債 | 68,900 |
|---|---|---|---|
| （内，土地 900） | | 資　本　金 | 65,000 |
| | | 資本剰余金 | 10,000 |
| | | 利益剰余金 | 126,560 |

＊資産のうち，土地（簿価900）の時価は1,500となっている。

## 【解答・解説】

### 1. A社資産負債の時価評価（連結財務諸表へは反映しない）

| 土　　地 | 120＊1 | 評価差額 | 72＊2 |
|---|---|---|---|
| | | 繰延税金負債 | 48 |

＊1　（土地時価1,300 − 土地簿価900）× P社持分割合30% = 120
＊2　土地評価額120 ×（1 − 40%（実効税率））= 72

### 2. 開始仕訳

| 仕訳なし |
|---|

連結上，関連会社株式は取得価額50,000で計上されている。このうちのれん相当額は5,960（50,000 −（A社純資産のうちP社持分額43,968＊3 + 土地評価差額72））となっている。

＊3　A社純資産146,560 × P社持分割合30% = 43,968

### 3. A社の損益の取り込み

| A　社　株　式 | 3,000＊4 | 持分法による投資損益 | 3,000 |
|---|---|---|---|

＊4　A社当期純利益10,000 × P社持分割合30%

### 4. のれん相当額の償却

| 持分法による投資損益 | 596＊5 | A　社　株　式 | 596 |
|---|---|---|---|

＊5　のれん5,960 ÷ 10年 = 596

### 5. A社の増資に係る連結修正仕訳

A社が増資したことに伴いP社持分は30%（360株 ÷ 1,200株）

から24%（360株÷1,500株）まで減少している。

### 5-1．A社資産負債の時価評価戻入（連結財務諸表へは反映しない）

| 評価差額 | 14 | 土　地 | 24*6 |
|---|---|---|---|
| 繰延税金負債 | 10 | | |

*6　持分減少分に係る時価評価戻入　土地評価 $120^{*1} \times 6\% \div 30\% = 24$

### 5-2．増資に伴う持分変動の調整

| A社株式 | 319*7 | 持分変動損益 | 319 |
|---|---|---|---|

*7　A社増資直後のP社持分 $52,723.2^{*8}$ − A社増資直前のP社持分 $52,404^{*9}$ = 319.2

*8　A社増資直後の純資産 $201,560 \times$ P社持分 $24\%$ + A社時価評価 $57.6$ （$72 \div 30\% \times 24\%$）+ のれん相当額 $5,364$ （$5,960 - 596$）÷ $30\% \times 24\%$ = $52,723.2$

*9　A社増資直前の純資産 $156,560 \times$ P社持分 $30\%$ + A社時価評価 $72$ + のれん相当額 $5,364$ （$5,960 - 596$）= $52,404$

## Q5　関連会社株式の売却による原価法への移行

===== Question =====

◆当社はA社株式の40%を保有し，A社を持分法適用会社としていましたが，当期においてA社株式の30%を売却し，A社を持分法適用除外とすることとしました。この場合，どのような会計処理を行うか教えて下さい。

《実務上の ポイント 》

▶連結財務諸表上，残存する被投資会社に対する投資は，個別貸借

対照表上の帳簿価額をもって評価する。
▶残存する投資に係る売却時点の持分法上の簿価と個別上の簿価との差額について，連結株主資本等変動計算書上の利益剰余金の区分にて調整する。

## 1．関連会社株式の売却による原価法への移行の留意点

関連会社株式の一部を売却し，当該会社が関連会社に該当しなくなった場合，残存する当該被投資会社に対する投資は個別上の簿価で評価します。

残存投資について，関連会社株式の売却前は，連結上で過年度の損益や為替の影響を反映した持分法上の簿価で評価されているため，これを個別上の簿価で評価し直す際に差額が生じます。当該差額は，連結株主資本等変動計算書上の利益剰余金の区分に「持分法適用会社の減少に伴う利益剰余金減少高（又は増加高）」等その内容を示す適当な名称をもって計上することになります。

## 2．設　例

【設例5-5】
　次の前提条件を基に，×3年3月期の連結仕訳を答えなさい。

＜前提条件＞
① 　×1年3月31日にP社はA社株式480株（持分割合40％）を総額72,000で購入しA社を持分法適用会社とした。
② 　P社は×3年3月31日に360株（持分割合30％）を総額75,600で売却し，A社を持分法適用除外とした。

③ ×1年3月31日のA社の貸借対照表は下記のとおりである。

| 資　　産 | 200,000 | 負　　債 | 70,000 |
|---|---|---|---|
| （内，土地 9,000） | | 資　本　金 | 20,000 |
| | | 資本剰余金 | 10,000 |
| | | 利益剰余金 | 100,000 |

＊資産のうち，土地（簿価 9,000）の時価は 14,000 となっている。

④ ×3年3月31日のA社の貸借対照表は下記のとおりである。

| 資　　産 | 230,000 | 負　　債 | 70,000 |
|---|---|---|---|
| （内，土地 9,000） | | 資　本　金 | 20,000 |
| | | 資本剰余金 | 10,000 |
| | | 利益剰余金 | 130,000 |
| | | （内，×2年3月期当期純利益 20,000） | |
| | | （内，×3年3月期当期純利益 10,000） | |

＊資産のうち，土地（簿価 9,000）の時価は 15,000 となっている。

⑤ のれん相当額は 10 年間で均等償却を行う。
⑥ A社は設立以来，剰余金の配当を行っていない。
⑦ 法定実効税率は 40％ とする。
⑧ P社は連結子会社を持ち，連結財務諸表を作成するものとする。

## 【解答・解説】

### 1. A社の資産負債の時価評価（連結財務諸表へは反映しない）

| 土　地 | 2,000 *1 | 評価差額 | 1,200 *2 |
|---|---|---|---|
| | | 繰延税金負債 | 800 |

*1　(14,000（取得時の時価）− 9,000（簿価））× P社持分割合 40％ = 2,000
*2　2,000 *1 ×（1−40％（実効税率））= 1,200

### 2. 開始仕訳

| A社株式 | 6,120 *3 | 利益剰余金(期首残高) | 6,120 |
|---|---|---|---|

*3　取得後利益剰余金 8,000 *4 − ×2年3月期ののれん相当額の償却 1,880 *5 = 6,120
*4　×2年3月期当期純利益 20,000 × P社持分比率 40％ = 8,000
*5　のれん相当額 18,800 *6 ÷ 10年 =1,880
*6　72,000 − A社純資産のP社持分（(20,000 + 10,000 + 100,000）× 40％ + 評価差額 1,200 *2) = 18,800

## 3. A社の損益の取り込み

| A社株式 | 4,000*7 | / | 持分法による投資損益 | 4,000 |

　*7　A社当期純利益 10,000 × P社持分割合 40% = 4,000

## 4. のれん相当額の償却

| 持分法による投資損益 | 1,880 | / | A社株式 | 1,880*5 |

## 5. 評価差額及び開始仕訳の振り戻し

　A社株式の一部売却に伴い，A社は持分法適用除外となるため，評価差額を振り戻す（連結財務諸表へは反映しない）。

| 評価差額 | 1,200*2 | / | 土　地 | 2,000*1 |
| 繰延税金負債 | 800 | | | |

## 6. 関連会社株式売却損益の修正

　A社株式に係る投資の修正額のうち，売却持分に対応する部分（既に持分法上損益処理されている部分のみ）をA社株式売却損益の修正として処理する。

| A社株式売却益 | 6,180*8 | / | A社株式 | 6,180 |

　*8　売却前の投資の修正額(6,120*3 + 4,000*7 − 1,880*5) × 30% ÷ 40% = 6,180

## 7. A社株式の帳簿価額への修正

　持分法適用除外となった場合，A社株式は個別上の簿価で評価することになるため，売却後のA社株式の持分法上の簿価との差額を利益剰余金（持分法適用会社の減少に伴う利益剰余金減少高）に振り替える。

| 利益剰余金(減少高) | 2,060 | / | A社株式 | 2,060*9 |

　*9　売却前の投資の修正額(6,120*3 + 4,000*7 − 1,880*5) × 10% ÷ 40% = 2,060

# 第6章 税効果会計

## Q1 連結財務諸表における税効果会計の会計処理

―― Question ――

◆連結決算において税効果会計はどのように適用されるか教えて下さい。

《実務上の ポイント 》
- ▶連結財務諸表作成のために行う連結修正によって，税務との差が新たに生じる。この差異についても税効果会計を適用する。
- ▶未実現利益の消去に係る税効果のみ，実務上の慣例を重視して例外的な処理方法が定められている。

### 1. 連結財務諸表作成にあたり税効果会計を適用する際の留意点

会計と税務はその目的の違いから処理方法が異なる部分が発生します。税効果会計は，これらの会計と税務の差異を適切に財務諸表

に反映することを目的とした会計処理です。

連結財務諸表作成のもととなる企業各社の個別財務諸表もこの税効果会計を適用したものを用います。

また，連結財務諸表の作成においては，各社の個別財務諸表から企業集団としての連結財務諸表を作成するために，未実現損益の消去などに代表される連結修正を行います。一方で各社の税務は連結納税を採用している場合を除き各社毎の申告となるため，連結修正により会計と税務との差異が発生します。

この連結財務諸表作成の過程で生じる会計と税務との差異に対しても税効果会計を適用する必要が出てくるため，連結財務諸表の作成にあたっては，連結修正に係る税効果の処理を行う必要があります。

連結財務諸表における税効果会計に関する実務指針（会計制度委員会報告 第6号）には，連結財務諸表固有の一時差異として主に以下の5つが例示されています。

① 資本連結に際し，子会社の資産及び負債の時価評価による評価差額

② 連結会社相互間の取引から生ずる未実現損益の消去

③ 連結会社相互間の債権と債務の相殺消去による貸倒引当金の減額修正

④ 連結上の会計方針の統一を連結手続上で行った場合に，連結貸借対照表上の資産額（負債額）が個別貸借対照表上の当該資産額（負債額）と相違するときの当該差額

⑤ 連結財務諸表作成手続により，子会社の資産及び負債が連結財務諸表に合算されるために生じる子会社資本の親会社持分額及びのれんの未償却残高の合計額と親会社の個別貸借対照表上の投資簿価との差額

（連結財務諸表における税効果会計に関する実務指針 第3項，4項）

以下では，それぞれの場合について解説を行います。

## 2．子会社の資産及び負債の時価評価による評価差額

資本連結手続上，子会社の資産及び負債は，投資取得日又は支配獲得日の時価をもって評価され，その評価差額は資本として処理されます。その結果，時価評価の対象となった子会社の資産及び負債の連結貸借対照表上の価額と税務上の貸借対照表上の資産額及び負債額との間に差異が生じます。当該差異は，連結財務諸表固有の一時差異に該当するため，当該差異に対する繰延税金資産又は繰延税金負債を連結財務諸表に計上することとなります。

なお，税効果会計で適用する税率は，納税主体毎に連結決算日又は子会社の決算日現在における税法規定に基づく税率となります。

【設例6-1】
　次の前提条件を基に，×1年3月期，×2年3月期，×3年3月期の連結修正仕訳を答えなさい。

＜前提条件＞
① ×1年3月31日にP社はS社株式700株（持分割合70％）を購入し，S社を連結子会社とした。
② ×1年3月31日においてS社が保有する土地の簿価及び時価はそれぞれ2,500及び3,000である。
③ ×2年3月31日にS社は保有する土地（簿価2,500）を連結外部に3,800で売却し，売却益1,300を計上した。
④ 法定実効税率は40％とする。

## 【解答・解説】

1. ×1年3月期の連結修正仕訳（S社の資産及び負債の時価評価）

| 土　　地 | 500 | / | 評価差額<br>繰延税金負債 | 300*1<br>200 |
|---|---|---|---|---|

＊1　(3,000(支配獲得日の時価) − 2,500(簿価)) × (1 − 40%(実効税率)) = 300

2. ×2年3月期の連結修正仕訳
(1) S社の資産及び負債の時価評価

| 土　　地 | 500 | / | 評価差額<br>繰延税金負債 | 300*1<br>200 |
|---|---|---|---|---|

(2) 土地売却益の修正

個別財務諸表上，土地売却益は1,300(= 3,800 − 2,500)計上されている。しかし，連結財務諸表上は土地の簿価が3,000に評価替えされているため，土地売却益は800(= 3,800 − 3,000)となる。よって，以下の修正仕訳が必要となる。

| 土地売却益 | 500*2 | / | 土　　地 | 500 |
|---|---|---|---|---|

＊2　連結貸借対照表上の価額3,000 − 個別貸借対照表上の価額2,500 = 500

(3) 土地売却益の修正に係る税効果

| 繰延税金負債 | 200 | / | 法人税等調整額 | 200*3 |
|---|---|---|---|---|

＊3　500*2 × 実効税率40% = 200

(4) 非支配株主への按分

(2), (3)により生じる損益のうち非支配株主持分に対応する部分について，振替処理を行う。

| 非支配株主持分 | 90 | / | 非支配株主損益 | 90*4 |
|---|---|---|---|---|

＊4　(500*2 − 200*3) × 非支配株主持分割合30% = 90

3. ×3年3月期の連結修正仕訳（子会社の資産及び負債の時価評価）

時価評価の対象となった資産を全て連結外部に売却しているため，評価差額は計上されません。

| 仕訳なし |
|---|

## 3. 未実現損益の消去に係る一時差異

連結会社相互間の取引から生じた未実現損益は，連結手続上消去されます。未実現損益の消去が行われると，売却された資産の連結貸借対照表上の価額と購入側の税務上の貸借対照表上の資産額との間に差異が発生します。

このため当該部分についても税効果会計を適用します。ただし，他の連結税効果においては，資産の保有側での税率を用いて税効果を算定し，その回収可能性についても検討を必要としますが，未実現損益の消去に係る税効果のみは，これまでの実務上の慣例を重視し，資産の売却元の税率を用いて税効果を算定し，回収可能性の検討は行いません。

【設例6-2】
　次の前提条件を基に，×1年3月期，×2年3月期，×3年3月期の連結修正仕訳を答えなさい。

＜前提条件＞
① P社のS社に対する持分比率は80％である。
② ×1年にS社は，P社に仕入原価800の棚卸資産を1,200で販売した。
③ P社は，×2年において当該棚卸資産を外部に1,500で販売した。
④ 法定実効税率は40％とする。

【解答・解説】
1. ×1年3月期の連結修正仕訳
　（1）未実現利益の消去
　P社がS社から仕入れた在庫1,200には，S社が付加した利益400

が含まれている。当該利益は連結財務諸表の観点からは実現していないため、消去される。

| | | | | |
|---|---|---|---|---|
| 売　　上 | 1,200 | / | 売上原価 | 1,200 |
| 売上原価<br>（期末商品棚卸高） | 400 | / | 棚卸資産 | 400 |

（1）により消去された内部利益はS社が付加したものであることから、S社の非支配株主にその帰属する部分を負担させる。

| | | | | |
|---|---|---|---|---|
| 非支配株主持分 | 80 | / | 非支配株主に帰属する<br>当期純利益 | 80[*1] |

*1　未実現利益消去に伴う非支配株主に帰属する当期純利益額400×非支配株主持分割合20% = 80

（2）税効果の計算

（1）により連結上の一時差異が発生するため、税効果の認識を行う。

| | | | | |
|---|---|---|---|---|
| 繰延税金資産 | 160 | / | 法人税等調整額 | 160[*2] |

*2　400×40% = 160

| | | | | |
|---|---|---|---|---|
| 非支配株主に帰属する<br>当期純利益 | 32 | / | 非支配株主持分 | 32[*3] |

*3　160[*2]×非支配株主持分割合20% = 32

2．×2年3月期の連結修正仕訳

　（1）未実現利益の消去及び実現

| | | | | |
|---|---|---|---|---|
| 利益剰余金期首残高 | 400 | / | 売上原価<br>（期首商品棚卸高） | 400 |

| | | | | |
|---|---|---|---|---|
| 非支配株主に帰属する<br>当期純利益 | 80 | / | 利益剰余金期首残高 | 80 |

　（2）税効果の計算

| | | | | |
|---|---|---|---|---|
| 法人税等調整額 | 160[*2] | / | 利益剰余金期首残高 | 160 |

| | | | | |
|---|---|---|---|---|
| 利益剰余金期首残高 | 32[*3] | / | 非支配株主に帰属する<br>当期純利益 | 32 |

3. ×3年3月期の連結修正仕訳
　未実現利益の消去の対象となった棚卸資産を全て連結外部に売却しているため、連結修正仕訳は不要となります。

## 4. 債権債務の相殺消去に伴い減額修正される貸倒引当金

　連結手続において、連結会社相互間の債権債務の相殺消去が行われる際、相殺された債権に対応する貸倒引当金も減額修正されます。

　その結果、連結手続において減額修正される貸倒引当金が、個別決算において税務上損金として認められたものである場合、個別と税務の間では貸倒引当金計上額に差異は生じませんが、連結と税務との間で貸倒引当金に差異が生じ、これが連結上の一時差異となります。このため、当該連結上の一時差異に対して、税効果を認識することとなります。

　一方で、連結手続において減額修正される貸倒引当金が、個別決算において税務上損金として認められていないものである場合には、個別と税務の間では貸倒引当金計上額に差異が生じており、個別上の一時差異となっていますが、連結上では当該貸倒引当金が減額されることから、それに見合う額だけ連結と税務の間での差異が解消されることになります。この様に、個別で税効果の設定対象となっていた一時差異が連結上で解消されるため、連結上では個別で認識していた税効果を取り消すこととなります。

【設例6-3】
　次の前提条件を基に、×2年3月期の連結修正仕訳を答えなさい。

<前提条件>
① ×1年3月31日にP社はS社株式1,000株(持分割合100%)を購入し,S社を連結子会社としている。
② ×2年3月期末においてP社はS社に対して売掛金5,000を有している。
③ P社はS社への売掛金に対して貸倒引当金を500設定している。なお,当該貸倒引当金は税務上損金として認められておらず,個別貸借対照表上,貸倒引当金に対する繰延税金資産が200計上されている。
④ 法定実効税率は40%とする。

【解答・解説】
1. 債権債務の相殺消去

| 買 掛 金 | 5,000 / 売 掛 金 | 5,000 |
|---|---|---|

2. 貸倒引当金の修正

| 貸倒引当金 | 500 / 貸倒引当金繰入額 | 500 |
|---|---|---|

3. 貸倒引当金の修正に伴う税効果会計

個別貸借対照表に計上した繰延税金資産を取り崩す。

| 法人税等調整額 | 200 / 繰延税金資産 | 200*1 |
|---|---|---|

*1 500×実効税率40% = 200

仮に上記2.で減額修正された貸倒引当金が税務上損金として認められているものである場合には,上記3.の仕訳は以下のようになります。

| 法人税等調整額 | 200 / 繰延税金負債 | 200*2 |
|---|---|---|

*2 貸倒引当金の減額修正により生じる,将来加算一時差異に対して繰延税金負債を計上する。

## 5. 親会社及び子会社の会計方針の統一

連結財務諸表の作成にあたっては,「同一環境下で行われた同一の性質の取引等について,親会社及び子会社が採用する会計方針は,原則として統一する」こととなります（連結財務諸表に関する会計基準 第17項）。

このため,親会社と子会社の会計方針の統一を連結手続上で行った際に,連結貸借対照表上の資産額（負債額）と税務上の貸借対照表上の資産額（負債額）に差異が生じた場合には,当該差異に対して繰延税金資産又は繰延税金負債を計上することとなります。

## 6. 子会社への投資に係る一時差異

子会社へ投資を行った時点では,親会社による投資の連結上の簿価は個別及び税務の財務諸表上の投資額と一致しているため,税効果は認識されません。

しかし,その後,個別及び税務の財務諸表上は原則として当初の投資額のまま計上される（例外として本章Q2参照）のに対して,連結上の簿価は子会社の獲得利益やのれんの償却,為替換算調整勘定等が加減算されていくことから,親会社による子会社への投資について連結上の一時差異が発生します。

当該一時差異は税効果の対象となりますが,通常は一時差異の解消時期が不明確なため,配当や子会社の清算により一時差異が解消する見込みが生じるまでは,税効果は認識しません。

一方で,当該一時差異の解消見込みが生じた場合には,税効果の認識を行う必要があります。子会社への投資に係る一時差異の税効

果は，以下の事由により解消します。
① 投資の売却
② 配当受領
③ 投資評価減の税務上の損金算入（Q2参照）

　①の投資の売却を解消事由とする子会社への投資に係る一時差異（為替換算調整勘定を含む）の税効果に関しては，予測可能な将来における第三者への投資の売却の意思決定が明確となった場合を除き，税効果の認識は行いません。

　②の配当受領を解消事由とする子会社の留保利益に係る税効果に関しては，通常，親会社は子会社の留保利益を回収するものであると考えられるので，原則として税効果を認識します。すなわち，投資後，子会社が利益を計上した場合，留保利益のうち将来の配当により親会社において追加納付が発生すると見込まれる税金額（例えば，親会社が在外子会社の利益を配当金として受け入れる場合には，当該配当金のうち税務上益金不算入として取り扱われない配当等の額の5%の部分等）について，親会社の繰延税金負債として計上します。ただし，配当に係る課税関係が生じない可能性が高い場合（例えば，親会社が当該子会社の利益を配当しない方針をとっている場合等）においては，税効果の認識は行いません。

## Q2 連結上の税効果(子会社への投資に対して個別財務諸表上で評価減を実施した場合)

=== Question ===

◆親会社が子会社への投資に対して個別財務諸表において評価損を計上している場合に,連結財務諸表における税効果会計適用上の留意点を教えて下さい。

《実務上の ポイント 》

▶連結手続上,子会社株式の評価損は消去されるが,当該評価損に係る税務上の取扱いにより,連結修正仕訳が異なる点に留意する必要がある。

▶いずれの場合でも,原則として子会社への投資に対する税効果は認識しない。

### 1. 連結上の税効果(子会社への投資に対して個別財務諸表上で評価減を実施した場合)

親会社の個別財務諸表上,子会社への投資に対して評価損を計上している場合があります。当該評価損は,連結財務諸表作成にあたり消去されることとなりますが,当該評価損が親会社の税務上,損金として認められていない場合には,親会社の個別財務諸表において将来減算一時差異が認識され,原則として繰延税金資産が計上されることになります。しかし,連結手続において当該評価損の消去が行われると,連結財務諸表上は当該将来減算一時差異は認識され

ません。このため，親会社の個別財務諸表上で計上した当該将来減算一時差異に係る繰延税金資産は，連結上においては取り消すこととなります。

一方で，連結上消去されることとなる評価損が，親会社の税務上，損金として認められているものである場合には，個別財務諸表上は投資評価額と税務上の投資評価額との間に差異は生じないため税効果は認識されていませんが，連結財務諸表においては，評価損を消去することで連結上の簿価と税務上の簿価とに一時差異が生じることになります（これ以外にも連結財務諸表上では，獲得利益やのれん償却などにより，連結上の簿価と税務上の簿価とに一時差異が生じています）。

ただし，当該一時差異が認識された場合であっても，親会社が子会社を今後も継続的に運営していく方針をとっている限りにおいては，当該一時差異の解消時期が不明であるため，原則として税効果は認識しません（子会社の配当実施や清算・売却方針の決定などにより当該一時差異の解消時期が明確になった時点で，税効果の認識を行います）。

# 第7章 在外連結子会社

## Q1 在外連結子会社の換算方法

===== Question =====

◆当社は在外連結子会社を有していますが、邦貨建連結財務諸表を作成するにあたり、在外連結子会社の外貨建個別財務諸表をどのように換算すればよいのか教えて下さい。

《実務上の ポイント》
▶資産・負債、純資産、損益項目では、用いる換算レートが異なる。
▶親会社との取引で発生した債権債務は、連結上で相殺消去しなければならないため、親会社と同一のレートを用いる。
▶為替換算調整勘定は在外連結子会社への投資の為替影響を示す。

### 1. 在外連結子会社の換算に係る留意点

在外連結子会社は独立事業体としての性格を反映するため、損益項目は外貨建損益計算書を期中平均レート（AR）で換算し、換算

により利益率等に影響が生じない換算方法を採用します。

また，貸借対照表項目については表示通貨での期末日の財政状態を表すよう期末時レート（CR）で換算することとなります。

ただし，純資産項目については，それまでの出資の状況及び累計獲得利益等を表すべく，発生時レート（HR）での換算を行います。この結果，換算後の資産と負債の差額と差異が生じることとなります。この差異は，在外連結子会社への投資額に対する包括的な為替の影響を示すため，為替換算調整勘定として純資産の部に計上することとなります。

## 2. 設　例

**【設例7-1】**

×1年3月31日に，P社はS社株式の取得によりS社を連結子会社とした。次の前提条件を基に，在外連結子会社S社の×2年3月期の円換算後財務諸表を作成しなさい。

〈前提条件〉
① 当期は×1年4月1日から×2年3月31日までの1年間である。
② S社の純資産の推移

|  | 資本金 | 利益剰余金 |
|---|---|---|
| ×1年3月末 | 500千ドル | 200千ドル |
| ×2年3月末 | 500千ドル | 300千ドル |

③ S社の当期純利益及び剰余金の配当

|  | 当期純利益 | 剰余金の配当 |
|---|---|---|
| ×2年3月期 | 150千ドル | 50千ドル |

④ S社の土地の簿価及び時価

×1年3月末の簿価100千ドル，時価200千ドルである。なお，土地以外の資産及び負債について，簿価と時価との乖離は生じていない。

⑤ S社の×2年3月期外貨建財務諸表

(1) 損益計算書

損益計算書　　　　　　　　（単位：千ドル）

| 売上原価 | 800 | 売上高 | 1,000 |
|---|---|---|---|
| 諸費用 | 150 | 諸収益 | 100 |
| 当期純利益 | 150 | | |
| | 1,100 | | 1,100 |

(2) 貸借対照表

貸借対照表　　　　　　　　（単位：千ドル）

| 諸資産 | 1,500 | 諸負債 | 1,200 |
|---|---|---|---|
| 棚卸資産 | 400 | 資本金 | 500 |
| 土地 | 100 | 利益剰余金 | 300 |
| | 2,000 | | 2,000 |

⑥ 当期中の連結会社間取引

(1) S社の当期中におけるP社への売上高は200千ドルであり，売上時の為替レートは1ドル＝90円であった。

(2) S社は当期よりP社から仕入れを行っている。P社からの仕入高は120千ドルであり，仕入時の為替レートは1ドル＝92円であった。なおS社が期末に保有する棚卸資産にはP社からの仕入商品が50千ドル含まれている。

⑦ 為替レートの推移

| | CR | AR | 配当レート |
|---|---|---|---|
| ×1年3月期 | 1$＝100円 | — | — |
| ×2年3月期 | 1$＝80円 | 1$＝85円 | 1$＝82円 |

⑧ 税効果会計に適用する実効税率は毎期40％とする。

## 【解答・解説】

### 1. 個別財務諸表の修正

在外連結子会社について個別財務諸表を修正する場合には，換算対象となる財務諸表は，修正後の財務諸表である。したがって，評価差額の計上は，外貨建財務諸表の換算前に外貨建で行う。

(単位：千ドル)

| 土　　　地 | 100 | 評価差額 | 60*1 |
|---|---|---|---|
|  |  | 繰延税金負債 | 40 |

*1 （時価評価額 200 − 簿価 100）×（1 − 実効税率 40%）= 60

### 2. 損益計算書の換算

|  | 外貨 | レート | 邦貨 |  | 外貨 | レート | 邦貨 |
|---|---|---|---|---|---|---|---|
| 売上原価 | 800 |  | 68,840*2 | 売上高 | 1,000 |  | 86,000*3 |
| 諸費用 | 150 | 85 | 12,750 | 諸収益 | 100 | 85 | 8,500 |
| 為替差損 | — |  | 160*4 |  |  |  |  |
| 当期純利益 | 150 | 85 | 12,750 |  |  |  |  |
|  | 1,100 |  | 94,500 |  | 1,100 |  | 94,500 |

*2 親会社からの商品仕入高 120 × 親会社換算レート 92 円 +（800 − 親会社からの商品仕入高 120）× AR85 = 68,840
*3 親会社への売上高 200 × 親会社換算レート 90 円 +（1,000 − 親会社への売上高 200）× AR85 = 86,000
*4 貸借差額

### 3. 修正後貸借対照表の換算

|  | 外貨 | レート | 邦貨 |  | 外貨 | レート | 邦貨 |
|---|---|---|---|---|---|---|---|
| 諸資産 | 1,500 | 80 | 120,000 | 諸負債 | 1,200 | 80 | 96,000 |
| 棚卸資産 | 400 | 80 | 32,000 | 繰延税金負債 | 40 | 80 | 3,200 |
| 土地 | 200 | 80 | 16,000 | 資本金 | 500 | 100 | 50,000 |
|  |  |  |  | 利益剰余金 | 300 |  | 28,650*5 |
|  |  |  |  | 評価差額 | 60 | 100 | 6,000 |
|  |  |  |  | 為替換算調整勘定 | — |  | △15,850*6 |
|  | 2,100 |  | 168,000 |  | 2,100 |  | 168,000 |

*5 取得時利益剰余金 200 × 取得時レート 100 円 +（当期純利益 150 × AR85

円 − 支払配当 50 × 配当時レート 82 円) = 28,650
*6 当期末子会社資本合計 860（資本金 500 + 利益剰余金 300 + 評価差額 60）
× CR80 −（当期末資本金 50,000 + 当期末利益剰余金 28,650 + 評価差額
6,000) = △ 15,850

## Q2 在外連結子会社との取引に伴う未実現損益の消去

===== Question =====

◆当社は，在外連結子会社との間で製品を売買しています。連結財務諸表を作成するにあたり，消去すべき未実現損益の算定方法を教えて下さい。

《実務上の》

▶連結会社間の棚卸資産の売買に係る未実現損益は，原則として取得時又は発生時の為替レートで換算する。
▶他にも認められた換算方法が複数あるため，事前に自社の商流ごとに，事務負担等も勘案しながら未実現損益の算定方法を定めることが重要である。

### 1．未実現損益の算定に用いる為替レート

連結会社間の棚卸資産の売買及びその他の取引に係る未実現損益は，売却日に売却元で発生したと考えます。このため，消去すべき未実現損益は，原則として取引時又は発生時の為替レート（HR）

で換算します。

ただし，HRに代えて，次のような合理的な換算相場を使用して未実現損益を計算することが認められています。
(1) 国内会社から在外連結子会社等に売却した場合
　① 購入先の外貨建資産残高×売却元の利益率×HR
　② 購入先の外貨建資産残高×売却元の利益率×購入先での資産保有期間に基づいて計算した平均相場
(2) 在外連結子会社等から国内会社に売却した場合
　購入先の円貨建資産残高×売却元の利益率

また，未実現損益の消去においては，厳密には取引ごとの粗利率を用いるべきと考えられますが，すべての取引ごとの粗利率を把握することは，実務上は困難な場合も多いと想定されます。この場合には，未実現損益の消去に用いる粗利率の算定方法を，商流ごとに実務上利用可能でかつ合理的なもの（一定期間におけるが該当会社との取引累計に係る粗利率等）を採用することが考えられます。

採用すべき粗利率の算定方法は，企業ごとに経済実態が異なることから，それぞれの企業がその合理性を検討した上で決定することになると考えられます。

## 2. 設　例

【設例7-2】
＜前提条件＞
① 当期は×1年4月1日から×2年3月31日までの1年間である。
② P社はS社の発行済株式の80%を所有し子会社としている。

③ P社は前期からS社に商品を販売している。S社が保有するP社仕入れ商品は期首100千ドル,期末200千ドルであった。なお,P社の売上利益率は40%である。商品販売時の為替レートは,前期1ドル=100円,当期1ドル=95円である。
④ S社は前期からP社に商品を販売している。P社が保有するS社仕入れ商品は期首5,000千円,期末6,000千円であった。なお,S社の売上利益率は30%である。
⑤ 当期首に,P社はS社に簿価10,000千円の備品を120千ドル(12,000千円)で売却した。
⑥ S社は上記備品について,定額法(残存価額:ゼロ,耐用年数:4年)により減価償却を行っている。
⑦ 期中平均相場は1ドル=90円,決算時の為替レートは1ドル=80円である。
⑧ 税効果会計に適用する実効税率は毎期40%とする。

## 【解答・解説】

1. S社保有期首商品に係る未実現利益

| 利益剰余金期首残高 | 2,400 | 売上原価 | 4,000*1 |
|---|---|---|---|
| 法人税等調整額 | 1,600*2 | (期首商品棚卸高) | |

*1 期首在庫 100 × 利益率 40% × HR100円 = 4,000
*2 未実現利益 4,000*1 × 実効税率 40% = 1,600

2. S社保有期末商品に係る未実現利益

| 売上原価 | 7,600 | 商　　　品 | 7,600*3 |
|---|---|---|---|
| (期末商品棚卸高) | | 法人税等調整額 | 3,040*4 |
| 繰延税金資産 | 3,040 | | |

*3 期末在庫 200 × 利益率 40% × HR95円 = 7,600
*4 未実現利益 7,600 × 実効税率 40% = 3,040

## 3. P社保有期首商品に係る未実現利益

| | | | |
|---|---|---|---|
| 利益剰余金期首残高 | 720 | 売上原価 | 1,500 *5 |
| 法人税等調整額 | 600 *6 | (期首商品棚卸高) | |
| 非支配株主に帰属する<br>当期純利益 | 180 *7 | | |

*5 期首在庫 5,000 × 利益率 30% = 1,500
*6 未実現利益 1,500 × 実効税率 40% = 600
*7 (未実現利益 1,500 − 税効果額 600) × 非支配株主持分 20% = 180

## 4. P社保有期末商品に係る未実現利益

| | | | |
|---|---|---|---|
| 売上原価 | 1,800 | 商　　品 | 1,800 *8 |
| (期末商品棚卸高) | | 法人税等調整額 | 720 |
| 繰延税金資産 | 720 *9 | 非支配株主に帰属する<br>当期純利益 | 216 |
| 非支配株主持分 | 216 *10 | | |

*8 期末在庫 6,000 × 利益率 30% = 1,800
*9 未実現利益 1,800 × 実効税率 40% = 720
*10 (未実現利益 1,800 − 税効果額 720) × 非支配株主持分 20% = 216

## 5. 未実現利益の消去及び取得原価の修正

| | | | |
|---|---|---|---|
| 備品売却益 | 2,000 | 備　　品 | 2,000 *11 |
| 繰延税金資産 | 800 | 法人税等調整額 | 800 *12 |

*11 売価 12,000 − 簿価 10,000 = 2,000
*12 未実現利益 2,000 × 実効税率 40% = 800

## 6. 減価償却費の修正（減価償却による未実現利益の実現）

| | | | |
|---|---|---|---|
| 減価償却累計額 | 500 | 減価償却費 | 500 *13 |
| 法人税等調整額 | 200 | 繰延税金資産 | 200 *14 |

*13 未実現利益 2,000 ÷ 耐用年数 4 年 = 500
*14 減価償却修正額 500 × 実効税率 40% = 200

## Q3 在外連結子会社持分をヘッジ対象とした場合の会計処理

===== Question =====

◆当社は,在外連結子会社に外貨で出資し,同時に銀行から外貨で借入を行いました。当該取引はヘッジ会計の要件を満たしていますが,この場合の会計処理を教えて下さい。

《実務上の ポイント 》
- ▶ヘッジ対象が在外連結子会社等に対する持分への投資である場合,連結上,ヘッジ手段から生じた為替変動を,ヘッジ対象たる投資から生じた為替換算調整勘定と相殺できる。
- ▶個別上は,ヘッジ手段から生じる為替変動を「繰延ヘッジ損益」として繰り延べる。

## 1. 在外連結子会社持分をヘッジ対象とした場合の会計処理の留意点

親会社が在外連結子会社に投資をした場合,親会社が連結上負担する在外連結子会社への投資に対する為替変動の影響は,換算後の在外連結子会社の純資産部分に為替換算調整勘定として現れます。

在外連結子会社への投資においては親会社が為替変動のリスクに晒されているわけで,そのため,親会社においては当該為替変動リスクに対してヘッジを行うことがあります。

このとき,親会社で実施するヘッジ目的の取引が在外連結子会社

への投資に係る為替変動リスクに対するヘッジとして指定され，かつ，ヘッジの有効性が認められた場合には，当該取引からヘッジ指定日以後に発生した為替変動については，連結上，為替換算調整勘定に含めて処理することができます。

この場合，連結財務諸表に計上される為替換算調整勘定の絶対値がヘッジを実施しなかった場合と比較して小さくなることでヘッジの効果が連結財務諸表で表現されることとなります。

ただし，ヘッジ手段に係る換算変動がヘッジ対象の在外連結子会社に係る持分から生じる為替換算調整勘定を超える場合，その部分はヘッジの効果がないものとして当期の損益として計上します。

なお，個別上は，外貨建子会社株式は取得時の為替レートで換算され換算差額がそもそも当期の損益に計上されないため，ヘッジ手段から生じる為替変動は「繰延ヘッジ損益」として繰り延べます（つまり損益に計上しない）。

## 2. 設　例

【設例7-3】
　次の前提条件を基に，×2年3月期の個別上，連結上の仕訳を答えなさい。

＜前提条件＞
① ×1年4月1日に，P社は1,000千ドル（100,000千円）を出資して在外連結子会社S社を設立した。
② P社はS社の設立と同時にS社に対する持分への投資に係る為替変動リスクをヘッジする目的で，1,000千ドルの銀行借入を行った。

③ 当該取引はヘッジ会計の要件を満たしているため、ヘッジ会計を適用する。
④ P社子会社に対する持分への投資をヘッジ対象とした為替換算差額については、為替換算調整勘定に含めて処理する方法を採用している。
⑤ S社設立時の為替レートは1ドル＝100円、当期期中平均為替レートは1ドル＝90円、当期末為替レートは1ドル＝80円である。
⑥ ×2年3月31日のS社の財務諸表は下記のとおりである。

(単位：千ドル)

| 資　産 | 5,000 | 負　債 | 3,000 |
|---|---|---|---|
| | | 資　本　金 | 1,000 |
| | | 利益剰余金 | 1,000 |

⑦ 法定実効税率は40％とする。

## 【解答・解説】

S社財務諸表を円換算すると以下のとおりとなる。

(単位：千円)

| 資　産 | 400,000 | 負　債 | 240,000 |
|---|---|---|---|
| | | 資　本　金 | 100,000 |
| | | 利益剰余金 | 90,000 |
| | | 為替換算調整勘定 | △30,000 |

### 1．ヘッジ手段に係る個別上の処理

| 借　入　金 | 20,000 | 繰延ヘッジ損益 | 12,000*1 |
|---|---|---|---|
| | | 繰延税金負債 | 8,000 |

*1　(1,000千ドル×(HR100円－CR80円)×(1－40％（実効税率)) = 12,000

### 2．ヘッジ手段に係る連結上のあるべき仕訳

| 借　入　金 | 20,000 | 為替換算調整勘定 | 12,000*1 |
|---|---|---|---|
| | | 繰延税金負債 | 8,000 |

3. 連結修正仕訳

| 繰延ヘッジ損益 | 12,000 | / | 為替換算調整勘定 | 12,000 |

　S社財務諸表を円換算した結果，為替換算調整勘定（借方）が30,000発生しており，これを減額することでヘッジの効果が連結財務諸表に示されることになる。ただし，ヘッジ手段に係る換算差額がヘッジ対象の在外連結子会社に係る持分から生じる為替換算調整勘定を超える場合には，その部分を当期の損益として処理する。

〈執　筆〉

公認会計士　加藤　善孝
公認会計士　狐塚　利光
公認会計士　林　　成治
公認会計士　武山　　渉
公認会計士　猿木　貴史
公認会計士　志田　宏樹
公認会計士試験合格者　吉澤　誉彦
公認会計士試験合格者　柏木　敦喜
公認会計士試験合格者　奥村　武博

〈編者紹介〉
**優成監査法人**

〈沿革〉
| | | |
|---|---|---|
| 平成11年 | 4月 | 設立 |
| 平成21年 | 10月 | 関西事務所開設 |
| 平成23年 | 1月 | 九州事務所開設 |
| 平成23年 | 8月 | 新潟事務所開設 |
| 平成23年 | 10月 | 札幌事務所開設 |
| 平成24年 | 11月 | 東北事務所開設 |
| 平成27年 | 1月 | 中国・四国事務所開設 |

〈概要(平成27年2月1日現在)〉
人数　社員（公認会計士）　　　　　　　　　　　　　　　　　　　　　　　17名
　　　特定社員　　　　　　　　　　　　　　　　　　　　　　　　　　　　 4名
　　　専門職員（公認会計士・会計士補・公認会計士試験合格者等）　　　 141名
　　　その他職員　　　　　　　　　　　　　　　　　　　　　　　　　　　27名
　　　合　計　　　　　　　　　　　　　　　　　　　　　　　　　　　　189名

住所　（東京本部）
　　　〒103-0028　東京都中央区八重洲1-6-6　八重洲センタービル4階
　　　電話番号：03-3517-3421（代）　FAX番号：03-3517-3422
　　　（関西事務所）
　　　〒541-0053　大阪府大阪市中央区本町2-5-7　大阪丸紅ビル8階
　　　（札幌事務所）
　　　〒060-0001　札幌市中央区北一条西4-2-2　札幌ノースプラザ8階
　　　（東北事務所）
　　　〒980-0021　仙台市青葉区中央2-2-1　仙台三菱ビル4階
　　　（新潟事務所）
　　　〒950-0087　新潟県新潟市中央区東大通2-1-18　だいし海上ビル5階
　　　（中国・四国事務所）
　　　〒730-0013　広島県広島市中区八丁堀14-4　JEI広島八丁堀ビル6階
　　　（九州事務所）
　　　〒810-0001　福岡県福岡市中央区天神2-14-2　福岡証券ビル8階

《検印省略》

平成27年3月25日　初版発行　　　　　　　　　　　　略称：連結Q&A

# 連結決算の実務 Q&A

編　者　　優 成 監 査 法 人

発行者　　中　島　治　久

発行所　**同 文 舘 出 版 株 式 会 社**
東京都千代田区神田神保町1-41　〒101-0051
電話 営業（03）3294-1801　　編集（03）3294-1803
振替 00100-8-42935　　http://www.dobunkan.co.jp

Printed in Japan 2015　　　　　　　　　　　　　印刷：三美印刷
　　　　　　　　　　　　　　　　　　　　　　　製本：三美印刷

ISBN978-4-495-20031-2

JCOPY 〈（社）出版者著作権管理機構 委託出版物〉
本書の無断複写は著作権法上での例外を除き禁じられています。複写される場合は，そのつど事前に，（社）出版者著作権管理機構（電話 03-3513-6969, FAX 03-3513-6979, e-mail: info@jcopy.or.jp）の許諾を得てください。